WALTER SCHMÖGNER

Mit freundlicher Unterstützung des Wiener Städtischen Versicherungsvereins

Die Deutsche Bibliothek-CIP Einheitsaufnahme
Walter Schmögner: Nacht- und Tagbilder meiner Zeit/Peter Allmayer-Beck (Hrsg.)-Wien: Bibliophile Edition, 2012
ISBN: 978-3-9503405-0-1

IMPRESSUM

© 2012 by Bibliophile Edition, Wien

Konzept und Gestaltung: Walter Schmögner – Umsetzung und Reproduktionen: Uwe Reinecker (www.wildermohn.at)
Coverfoto: Elfi Semotan
Alle Fotos ohne Urhebervermerk: Walter Schmögner oder Archiv Walter Schmögner
Lektorat: Dr. Ruth Mautner – Produktion: Josef Frühwirth
Druck- und Bindearbeiten: GRASPO
ISBN: 978-3-95003405-0-1

1991 Wo sich die Elektroden Gute Nacht sagen,
Acryl, Ölkreide, Bleistift a.P., 94 x 59 cm

2001/2004 Kleine Wiener Orgel, M.T. a.P., 50 x 38 cm

WALTER SCHMÖGNER

Nacht- und Tagbilder

MEINER ZEIT

mit einem Vorwort
von
Klaus Albrecht Schröder

mit Textbeiträgen
von
Joachim Riedl

sowie mit Texten
von
Wolfgang Bauer
Thomas Bernhard
Günter Brus
Christoph Hirschmann
Friedensreich Hundertwasser
Traudl Lessing
Klaus Albrecht Schröder

BIBLIOPHILE EDITION

1988 Kunstkammer, M.T. a.P., 117 x 87 cm

DER MENSCH IST EIN INSEKT

Illustrator und Cartoonist, Bildhauer und
Objektkünstler, Maler und Zeichner, vor allem
Zeichner – nichts hält den geistigen Kosmos von
Walter Schmögner so sehr zusammen, wie der
zittrige Strich des Zeichners Schmögner; er ist das
formale Äquivalent einer unverständlichen Welt,
die von zerbrechlichen Wesen bevölkert wird.

Was im 19. Jahrhundert noch selbstverständlich war,
ist im 20. Jahrhundert nur noch als Ausnahme denkbar:
die Verbindung der tagespolitischen Anforderungen an
einen Cartoonisten und Illustrator mit der zweckfreien
Unabhängigkeit des freien Künstlers. Im 19. Jahrhundert
finden im Werk von Adolph Menzel, Gustave Doré,
Honoré Daumier oder Wilhelm Busch der Karikaturist
und Illustrator mit dem freien Künstler noch unter einem
Dach zusammen. Nach der Katastrophe des Ersten
Weltkrieges gibt es zwar den politisch engagierten
Künstler in der Weimarer Republik, der auch vor
dem Geist der Illustration um der Sache willen nicht
zurückscheut. Aber was George Grosz und Otto Dix auf
diesem Gebiet schaffen, hängt in einem viel höherem
Maße mit deren Malerei zusammen als etwa die 50
Jahre zuvor in einem hollandistischen Stil gehaltenen
Landschaften Wilhelm Buschs mit dessen Frommer
Helene oder seinen Max-und-Moritz-Geschichten.

Walter Schmögner ist also eine Ausnahme, und dies
nicht nur in unserer Zeit. Gleichwohl lässt sich sein
Werk nicht in scharf voneinander getrennte Segmente
unterschiedlicher Funktionen, Gattungen und Techniken
teilen. Die Karikatur ist ebenso eine Klammer wie
das durchgängige Thema der absurden Fremdheit
und Unbehaustheit der die Bildwelt Schmögners
bevölkernden Wesen. Diese insektenhaften Gestalten
und zerbrechlichen Figuren geben das Modell für das

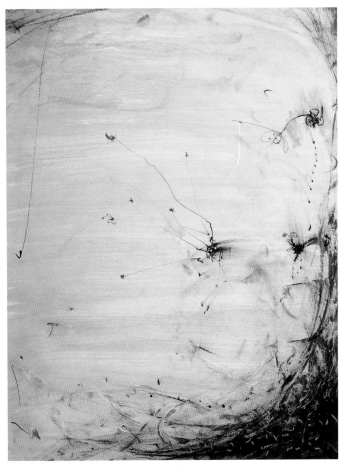

2007 Exodus der Spinnen, M.T. a.P., 65 x 50 cm

Gesamtwerk ab: eine Symbolfigur des Menschen im
Zustand der Nichtigkeit. Selbst in den analen Fantasien
der Schmögnerschen Erotika ist das Fleischliche
zugunsten der seltsamen, spindeldürren und hauchzarten
Wesen unterdrückt. Sie haben mehr mit Spinnen, Fliegen
und Libellen zu tun, als mit Menschen aus Fleisch und
Blut. Nicht zufällig interessieren Walter Schmögner auch
die pralle Schweinsblase und die saftige Birne erst dann,
wenn sie vertrocknet, verdorrt oder verschimmelt sind.

Zu guter Letzt ist der Witz in des Wortes doppeltem
Sinn ein das gesamte Schaffen des Künstlers
zusammenfassender Nenner. Es liegt im Charakter

2001 Mistkopfspinne, Acryl. a.P., 52 x 36 cm

Schmögners, dass er nie gemein oder bösartig, nie zynisch oder gehässig ist. Er hat den Blick des Weisen, der über die komischen Verrenkungen beim Geschlechtsakt ebenso lachen muss wie er sich über den allein in seiner Ecke kauernden Hund oder über das volle Theater, das von Hunderten Gerippen bevölkert ist, amüsiert. Walter Schmögner findet die Welt immer schon seltsam und komisch, nicht tragisch und abstoßend. Schmögner liebt den Menschen und versucht, ihn zu verstehen – auch und insbesondere dann, wenn er dessen Schwächen und unergründliche Leidenschaften und Ängste zum Thema der Kunst erhebt.

Man kann nicht über Walter Schmögner sprechen, ohne seine unerschöpfliche Phantasie zu preisen. Nur der frühe Kubin ist ihm an Imaginationskraft und geistiger Unabhängigkeit gleichwertig. Doch teilt Schmögner nicht Kubins Pessimismus und dessen Verachtung der Welt. Seit bald fünf Jahrzehnten erfindet Schmögner Sujets und Objekte, die in der Kunstgeschichte schlechterdings ohne Vorbild sind. Das macht ihn stark, unvergleichbar und eigenständig. Dieser Umstand führt aber auch dazu, dass man in ihm nur allzu leicht den unzeitgemäßen Sonderling erkennen möchte, weil er nicht Teil irgendeines aktuellen ästhetischen und kunsttheoretischen Diskurses ist. Walter Schmögner gehörte nie zur PopArt, nie zum Minimalismus oder zur Konzeptkunst. Er ist kein Neuer Wilder, kein Neo-Expressionist. Die Gegenständlichkeit seiner Zeichnungen und Bilder verankert ihn in keiner wie auch immer gearteten Weise in eine der Realismusdebatten der 70er Jahre. Schmögner war von Beginn an Einzelgänger, und er ist es geblieben. Obwohl selbst bestens informiert über alles, was in der Kunst geschieht, arbeitet er konsequent an seinem eigensinnigen Bilderkosmos, den er mit dem Weltbild bebildert: der Mensch ist kein Säugetier, sondern ein Insekt.

Ein Insekt, das meint nicht nur dessen äußere Gestalt. Viel tiefer gehend meint es dessen Existenz, seine Nichtigkeit und Zwecklosigkeit. Aber dieses Menschen-Insekt erschlägt Schmögner nicht, im Gegenteil. Er stellt es unter den besonderen Schutz seiner künstlerischen Aufmerksamkeit; genauso wie er behutsam mit einem werdenden Ameisenhaufen in seinem Atelier umgeht oder wie er ein Spinnennetz hütet, das in seiner Küche entsteht. Spinnen und Insekten bedürfen unseres Schutzes, weil sie Artverwandte des Menschen sind. Dies ist es, was Schmögners Kunst sagt: gleich, ob er malt, zeichnet, Objekte schafft oder Bücher schreibt. Dies ist auch der tiefe Humanismus, der Schmögners Denken leitet, wenn sein Stift über das Papier fährt oder der Pinsel die Leinwand bestreicht.

Klaus Albrecht Schröder

11

2011 Obere Stadt,
Tusche, lav., a.P.,
80 x 60 cm

2011 Hauptplatz, Tusche, lav., a.P., 60 x 78 cm

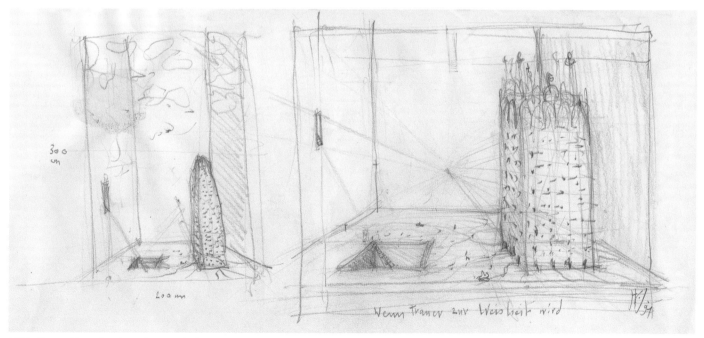

1991 Skizzenblatt, Graphitstift a.P., 26 x 43 cm

Von der kriegszerstörten Ruinenstadt Wien aus gesehen ist Spanien damals ein unwirklicher Ort, exotisch und voller Wunder. Alles ist staunenswert und macht tiefen Eindruck auf den aufgeweckten Künstlersohn Walter Schmögner, den es in dem ersten Nachkriegsjahrzehnt mit seinem Bruder hierher verschlagen hat. Daheim liegt alles unter Trümmern begraben, die ganze Stadt ist desolat und seltsam farblos und ohne Konturen, wie auf einer ausgebleichten Fotografie. Hier ist es hell, farbenfroh, in der Luft fliegen Düfte, die aus dem Märchenbuch kommen. Es ist das francistische Spanien – und in Toledo, der Kleinstadt im Zentrum der iberischen Halbinsel, deren glanzvolle Tage Jahrhunderte zurückliegen, spielt eine der wichtigsten faschistischen Heldenlegenden aus dem zurückliegenden Bürgerkrieg. Hier haben die Buben aus Wien bei einer wohlhabenden Familie Aufnahme gefunden. Von der Diktatur kriegen sie natürlich nicht das Geringste mit, sie empfinden die tiefkatholische und konservative Friedhofsruhe, die das Regime dem ganzen Land aufgezwungen hat, als paradiesische Normalität. Sie befinden sich auf einem langen Urlaub, zu dem sie aus ihrer Wiener Nachkriegskindheit verschickt worden sind.

Im Wien der ersten beiden Nachkriegsjahrzehnte aufzuwachsen, das bedeutet, den Blick nicht auf das Zurückliegende werfen zu dürfen. Unangenehme, aber naheliegende Fragen werden überhört, geschweige denn beantwortet. Offene Rechnungen mit dem Bombenschutt fortgeräumt. Die neue Republik ist mit ganzer Kraft damit beschäftigt, sich in eine bessere Zukunft hinüber zu mogeln. Die unglaublichsten Schafsgesichter trägt das Antlitz dieser Tage. Allenthalben braust aus allen Kanälen Zuversicht, wird aufgeräumt und aufgebaut und jeder kleine Fortschritt wie ein großes Überlebenswunder zelebriert.

Es ist aber ein verordneter Optimismus und der Fortschritt kennt nur kleinlaute Erfolgsgeschichten. Denn es sind graue Zeiten und sie werden noch viele bleierne Jahre lang grau bleiben. Eine durch und durch kleinbürgerliche Gesellschaft befindet sich im Entstehen, die ihr Leben mit den behaglichen Gewissheiten aus ihrer Großmutterzeit möblieren will. Selbstzufriedenheit ist erste Bürgerspflicht. Bescheide sich jeder mit den Brosamen der Vergänglichkeit. Es sind schlichte Gemüter, die das Wort führen, und noch schlichtere, die ihnen blind vertrauen.

In dieser Geburtsstunde der neuen Republik muss sich der Widerspruch in immer tiefere Keller, Ausweichquartiere für subversive Geister, verkriechen. Dort wird das Kühne, das Ungeheuerliche gedacht. Es soll lebendig begraben werden unter der allmächtigen Wiener Ignoranz. Ein heller und wacher Kopf hat in diesen Jahren gar keine andere Wahl, als sich insgeheim eine Gegenwelt zurecht zu phantasieren, sie mit skurrilen Figuren und grotesken Wesen zu bevölkern. Eine Welt, die so ganz anders ist, als all das Ringsum und dennoch ein getreues Spiegelbild.

Joachim Riedl

Alles kommt aus meiner Kindheit, – ich habe einfach weitergezeichnet.

1948 Kohlezeichnung a.P., 18 x 25 cm

1949 Wien, Westbahnhof. Abfahrt nach Spanien mit meinem Bruder. Einwöchige Reise nach Madrid. Dort wurden wir von unseren Pflegeeltern ausgesucht. Organisation: Caritas
Fotos: Theobald Schmögner

1948 Meine Mutter Rita, mein Bruder Horst und ich im Innenhof des Wiedner Spitals. Dieses wurde nach dem Krieg (1945-1953) als Obdachlosenasyl für Ausgebombte umgewidmet.

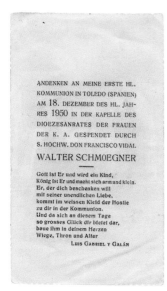

ANDENKEN AN MEINE ERSTE HL.
KOMMUNION IN TOLEDO (SPANIEN)
AM 18. DEZEMBER DES HL. JAH-
RES 1950 IN DER KAPELLE DES
DIOEZESANRATES DER FRAUEN
DER K. A. GESPENDET DURCH
S. HOCHW. DON FRANCISCO VIDAL.
WALTER SCHMOEGNER

Gott ist Er und wird ein Kind,
König ist Er und macht sich arm und klein.
Er, der dich beschenken will
mit seiner unendlichen Liebe,
kommt im weissen Kleid der Hostie
zu dir in der Kommunion.
Und da sich an diesem Tage
so grosses Glück dir bietet dar,
baue ihm in deinem Herzen
Wiege, Thron und Altar
LUIS GABRIEL Y GALÁN

Sta. Teresa de Jesús entrega el libro de las Moradas a su Letradillo V.M. María de Jesús Carmelita Descalza en San José de Toledo

1950 Kärtchen zur Kommunion
Mit meiner Pflegemutter Matilde musste ich täglich in die Kirche gehen. Hier gab es keine Kirchenbänke, sondern ein Durcheinander an Betstühlen wie man sie auch auf Goya-Bildern sehen kann. Und viel Weihrauch.

1950 Meine Erstkommunion, Toledo

16

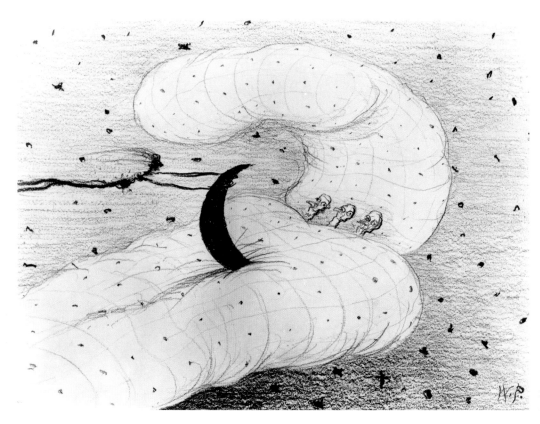

1983 Die Nacht,
Bleistift a.P.,
30 x 44 cm

1982 Die Kanzel,
Bleistift a.P.,
60 x 42 cm

1951 Faschingsfest in Toledo mit Horst und zwei Mädchen aus Linz - wir wurden „Butterkinder" genannt, weil wir auf die Butterseite gefallen waren.

1951 Sommerferien. Am Strand von Deva: Meine Pflegeeltern Matilde und Juan (Infantes de Peñalosa). Ich schaue so missmutig, weil mich der Badeanzug so gekratzt hat.

1953 'La Teatina', Landsitz meiner Pflegeeltern 20km von Toledo entfernt. Zu meinem 10. Geburtstag habe ich einen Lammfell=sattel bekommen.

1950 'La Cigarall', Villa von Vita und Manolo (Esteban-Infantes) außerhalb des Stadtzentrums von Toledo.
Bei Vita & Manolo war ich viel lieber, weil jünger und lustiger.

1953 Horst und ich auf einem Felsen vor Toledo. Eines der Häuser rechts ist das von El Greco.

Die Küche auf der Postkarte
ist noch aus El Grecos Zeit.
Unsere Pflegeeltern waren miteinander verwandt. Beide
Stadtvillen waren in der selben
Gasse (Granada 2 u. 7), ganz
in der Nähe der Kathedrale.

1953 zurück aus Spanien mit Kindern im Hinterhof, Wien Wieden, Rainergasse 8.
Im Hintergrund die Außenmauern des Wiedner Spitals. In diesem Jahr haben wir dort eine
Bassenawohnung zugewiesen bekommen. (Ich: Mitte, zweiter von rechts)

1953 Die Villa 'Toledo-Enea' in Deva, Horst und ich mit Personal
sowie Kindern vor unserer Abreise nach Wien.

1959 Vita, Manolo, Horst und ich auf den Hügeln vor Deva. Wir
sind per Auto-Stop für ein Monat zu deren Sommerresidenz gereist.

20

1980 Königin, Bleistift a.P., 65 x 50 cm

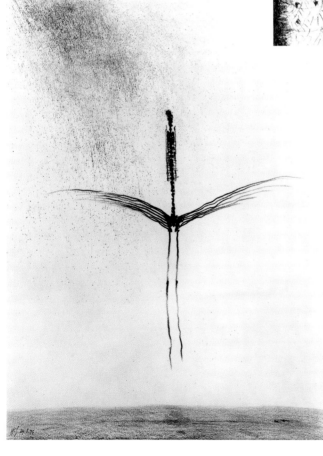

1975 Abheben,
Bleistift a.P., 50 x 35 cm

21

Carmen, Tochter meiner Pflegemutter Matilde mit Marie.

2004 Das Haus meiner Pflegeeltern in Toledo, wo ich mit Petra,
Cathi und Marie auf Besuch war.

Das Haus aus der Renaissance.

Atrium des Hauses. Marie tanzt mit Carmen.

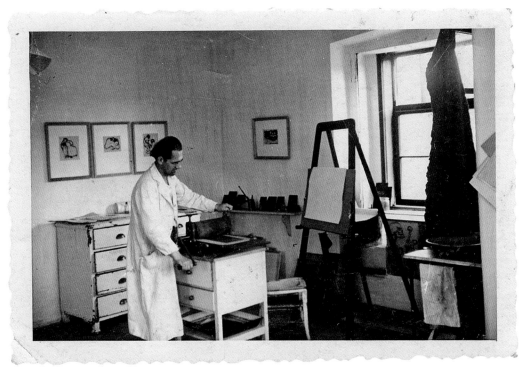

1953 Atelier meines Vaters
Theobald Schmögner.

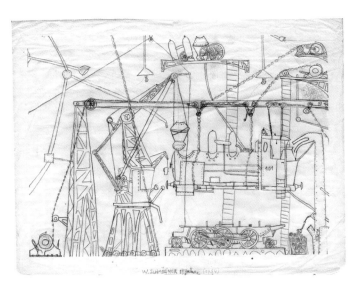

3 Zeichnungen von mir

Links: 1953 Lokomotiv-Fabrik, Wien
Rechts: 1952 Vulkan, Toledo
Unten: 1954 Rainergasse 5, Haus gegenüber, Wien

23

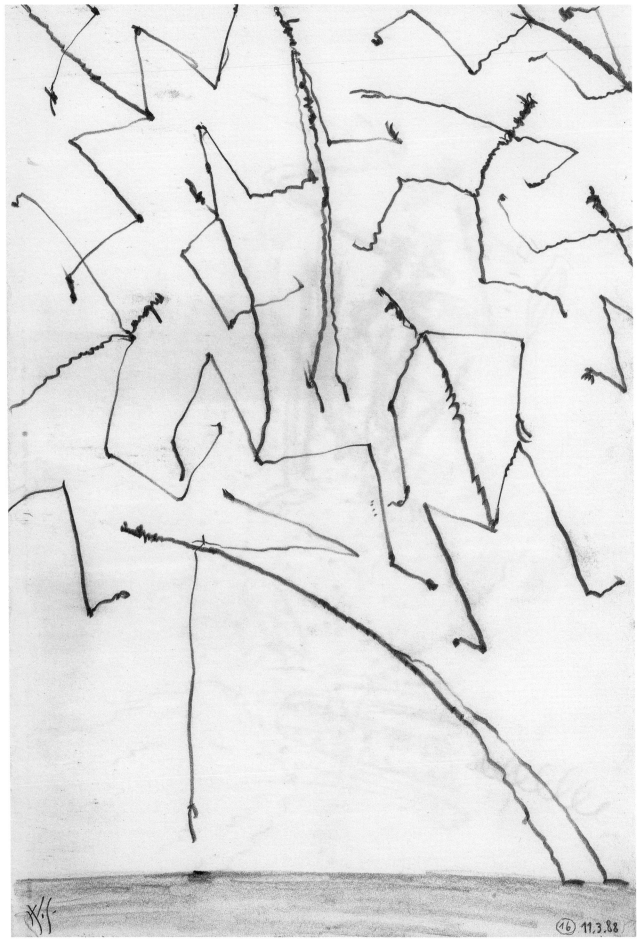

1988 12. Tagebuch, Nr. 16, Graphitstift a.P., 30 x 21 cm

1990 Moment, Acryl a.L., 100 x 70 cm

Es konnte ja nicht ausbleiben, dass eines Tages bunte, grellere Farben in das Alltagsgrau eindringen. Auch nicht, dass neue, rauere Töne die Einschlafmelodien aus ihrer Trägheit rütteln. Die Stadt hat schon wieder ein wenig Speck angesetzt. Alles könnte nun gemächlich seinen Gang nehmen. Fast schon vergessen sind die schlimmen Tage, die zurück liegen. Doch da schreckt der hämmernde Rhythmus der Zeit Wien aus seiner Ruhe.

Die Sittenwächter haben nun alle Hände voll zu tun. Überall befürchten sie den Niedergang von öffentlicher Ordnung und Moral. Sie trauen ihren Augen nicht. Eine neue Generation wächst da heran und sie nimmt sich unerhörte Freiheiten. Sie schlägt die Appelle, die auf sie niederprasseln, in den Wind. Pfeift auf Anstandsregeln, verlacht die uralte Moritat vom kleinen Glück. Überall kann man lesen, dass irgendetwas nicht stimmen kann mit diesen jungen Leuten. Sie lassen sich nichts mehr sagen. Sie hören einfach nicht mehr hin. Sie finden eigene Worte, eigene Bilder, eigene Töne.

Es ist nicht so, dass mit einem Mal die Welt aus den Fugen geraten wäre. Im Gegenteil, überwiegend sind ohnehin alle brav und gesittet und folgen den geduldeten Normen. Rings um das kleine Land macht sich der Aufruhr schon auf der Straße breit, ist der unzufriedene Lärm längst bis in den hintersten Winkel gedrungen. Bis in die Wiener Gassen kriecht aber bloß ein müdes Echo davon.

Doch es liegt eine Ahnung in der Luft, dass bald große Veränderungen anstehen werden. Noch sind es nur vage Ideen, noch wird in einem Versuchslabor an der Zukunft herumexperimentiert. Aber die Vorstellung, dass es andere Lebensformen, andere Ausdrucksmittel, andere Wertmaßstäbe gibt, als jene, mit denen der Alltag voll gerammelt ist, nehmen immer konkretere Formen an. Die Zeichen sind nicht zu übersehen. Junge Männer lassen ihre Haare immer länger wachsen, die Röcke der Mädchen werden immer kürzer. Frech, frisch und kunterbunt sehen sie aus, die jungen Leute. Die Schönheitsideale wechseln mit den Jahreszeiten. Mode und modern gehen Hand in Hand.

Ein neuer Begriff taucht auf: Pop. Das ist zunächst einmal alles, was sich dafür hält. Pop ist knallig, farbenfroh, ein bisschen trivial und naiv, aber fürwitzig, faszinierend opulent und ebenso ansteckend lustig wie witzig und provokant. Pop wischt alle Bedenken vom Tisch. Macht alles möglich. Bunte Pillen, die jeden psychodelischen Traum wahr werden lassen. Pop ist wie im Bett herumkullern mit schillernden Seifenblasen, die niemals platzen werden. Pop das sind die Leuchtraketen von morgen, die ein Glitzermeer in den Himmel malen.

Daneben sieht das meiste zittergreisig aus. Altersschwache Schablonen von gestern. Tausend Wecker schrillen los: Wacht auf, Leute! Genug geschlafen, wacht auf!

Joachim Riedl

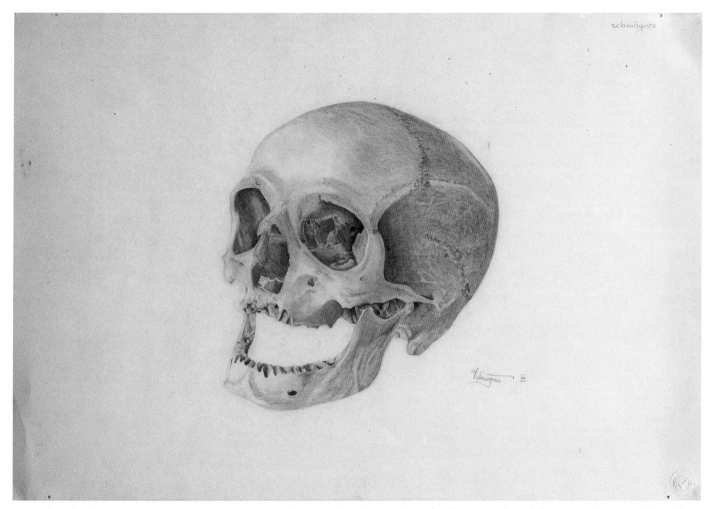

1958 Bleistiftzeichnung a.P., 30 x 44 cm, erstes Semester, Graphische Lehr- und Versuchsanstalt, Abt. Gebrauchsgraphik, Wien-Neubau, Westbahnstraße

1959/60 Schülerinnen der „graphischen", Abteilung Fotografie haben mich immer wieder als Modell geholt.

1961 meine Freunde aus der „Graphischen" Johannes Plank und Gerhard Kisser.

1961 Mit Freundin im Atelier meines Vaters, Wien Wieden Waltergasse 5, Stiege 6.

28

1962 Erst war ich Posaunist, dann Schlagzeuger in verschiedenen
Jazzbands 1960-66

1965 Flyer für unseren zweiten Jazzkeller
"Riverboat", Schwarzspanierstraße, Wien

29

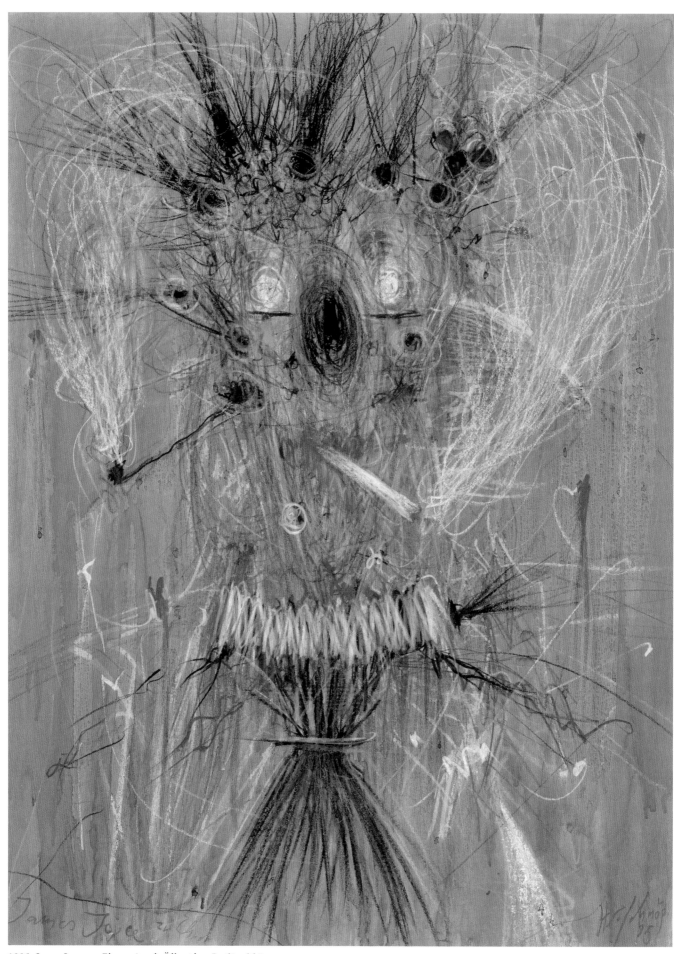

1995 James Joyce zu Ehren, Acryl, Ölkreide a.P., 63 x 46,5 cm

1991
Ramses spielt Piano,
M.T. a.P., 90 x 60 cm

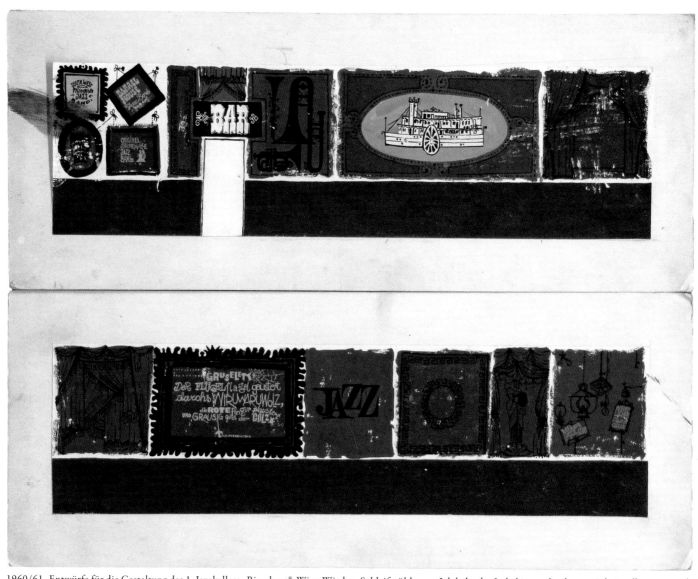

1960/61 Entwürfe für die Gestaltung des 1. Jazzkellers „Riverboat", Wien-Wieden, Schleifmühlgasse. Ich habe das Lokal in wochenlanger Arbeit selbst ausgemalt.

1962 Schallplattencover unserer Band, Privatpressung

Rechts: 1963 Hochzeit mit Elisabeth Schiller. Aus dieser Ehe entstammt Thomas, der später Musiker wurde.

Unten: 1963 Plakat zu meiner ersten Ausstellung, Wilhelm Herzog bat Viktor Matejka um Rat und so war er mein erster Förderer. Die Ausstellung fand in den Privaträumen von Wilhelm Herzog statt.

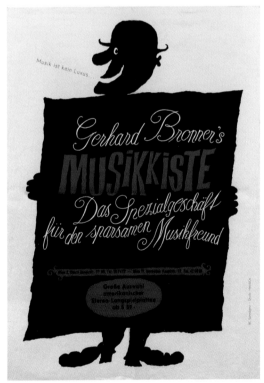

1963 Mein erster Werbeauftrag, aus Spargründen musste ich diesen Sandwichmann seitenverkehrt in Linoleum schneiden.

33

1964 Erstes Bühnenbild: Der Gaulschreck im Rosennetz von Herzmanovsky-Orlando.
Von und mit Herbert Lederer, Theater im Palais Erzherzog Karl, Wien

Ausstellung **IKC** Internationaler Künstlerclub **Walter Schmögner** Federzeichnungen
Humor Satire Ironie **Wien** 1 Josefspl. 6 18. Mai bis 10. Juni 1966 Mo.-Fr. von 10-20 Uhr

1966 2. Ausstellung im
Internationalen Künstlerclub (IKC),
hier habe ich Peter Pongratz und
Kurt Kocherscheidt kennen gelernt

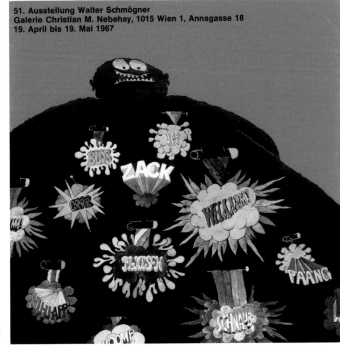

51. Ausstellung Walter Schmögner
Galerie Christian M. Nebehay, 1015 Wien 1, Annagasse 18
19. April bis 19. Mai 1967

1967 Einladung zur Ausstellung
Galerie Christian M. Nebehay

Galerie Nebehay. Foto: Peter Baum

Vernissage mit Peter Handke, Galerie Nebehay. Foto: Constanze Kutschera

35

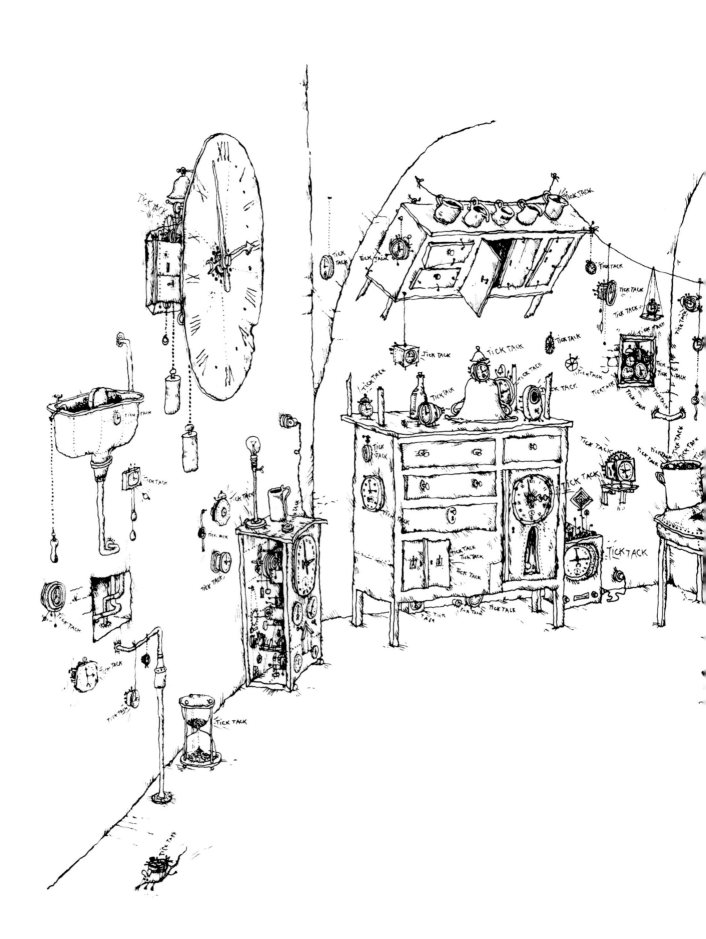

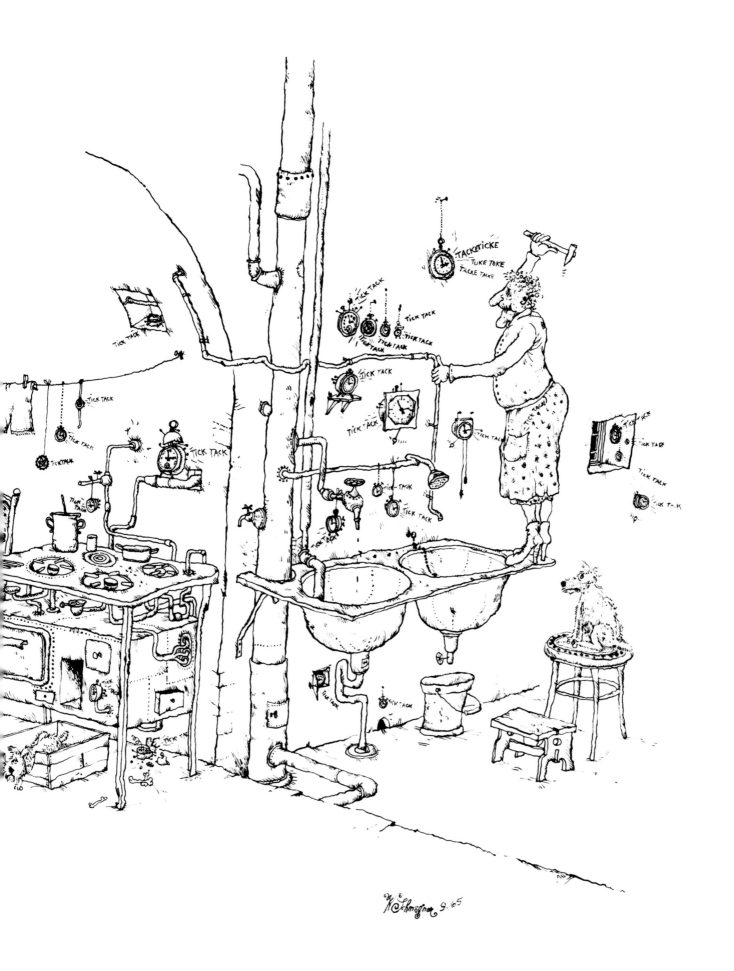

1965 Uhrmacherswitwe, Federzeichnung a.P., 30 x 42 cm

1970 Erstausgabe von Mrs. Beestons Tierklinik, Verlag Jugend&Volk, Wien, München

1971 Buchpräsentation in der Galerie Nebehay mit Renée Nebehay, Autorin des Kinderbuches. Wir haben dafür 1971 den Großen Bundesdeutschen Jugendbuchpreis in Nürnberg erhalten.
Foto: Constanze Kutschera

Mrs. Beestons Tierklinik, Illustration aus dem Kinderbuch

1968 Diverse Fernsehspots für Humanic, Regie: Georg Lhotsky,
Kamera: Walter Kindler, Assistenz: Xaver Schwarzenberger,
Werbetexte: Peter Turrini, Gestaltung: Walter Schmögner, ich spiele
selbst mit. Auftraggeber: Hager Werbeagentur, Georg Herberstein

Oben: 1968 Foto von Christian
Skrein für „twen", München,
bei mir mein Sohn Thomas

Links: Susanne Widl mit einem
von mir bemalten T-Shirt.
Foto: Roland Nowotny

1968/69 Begleitende Werbeträger: Inserate, Plakate
und Prospekte, Fotos: Archiv Humanic, Graz

1968 Susanne, geb. Karasek, spätere Schmögner, Weihnachten,
Wien-Leopoldstadt, Untere Donaustraße 27

1969 Das Drachenbuch, Insel Verlag. Die deutschsprachige Auflage erreichte an die 300.000 Exemplare. Lizenzausgaben in Australien, Brasilien, Dänemark, England, Niederlande, Neu Seeland und Ungarn.

ES WAR EINMAL EIN DRACHE,

DER WUSSTE NICHTS

MIT SICH ANZUFANGEN.

ER KONNTE ZWAR EINIGE KUNSTSTÜCKE

UND WAR SEHR STOLZ DARAUF,

ABER WAS NÜTZTE IHM SEIN TALENT,

1969 Beitrag für die „Protokolle", Wiener Jahresschrift für Literatur, bildende Kunst und Musik, herausgegeben von Otto Breicha und Gerhard Fritsch, Verlag Jugend&Volk, Wien – München

1969 Beitrag für die „Protokolle", Wiener Jahresschrift für Literatur, bildende Kunst und Musik, herausgegeben von Otto Breicha und Gerhard Fritsch, Verlag Jugend & Volk, Wien – München

WALTER SCHMÖGNER

Traumbuch für Kinder

ゆめうらないのえほん

ワルター＝シュメグナー
ふじた たまお やく

講談社

Träumst du von einem Gockelhahn,
der fast keine Federn hat und deshalb einen Pelzmantel trägt,
so steh bitte auf und schließe zunächst das Fenster, denn es ist kalt.
Dann denke nach, was du schon wieder falsch gemacht hast.
(Nicht immer Suppe zum Frühstück essen wollen!)

Träumst du von einem Krokodil,
das zweihundertneunundfünfzig Jahre alt ist und leider noch nicht schwimmen kann,
so wird der Sommer bald kommen, spätestens in zwölf Monaten.
(Kannst du dich erinnern, wo du dem Krokodil schon einmal begegnet bist?)

Links oben: 1970 Traumbuch für
Kinder, Text von Friedrich C. Heller,
deutsche Ausgabe.

Rechts oben: Japanische Ausgabe,
Tomao Huzita, Tokio 1979.
US-Ausgabe erschienen bei
Doubleday Comp., New York 1971.

Mitte: Zwei Seiten aus
dem Taumbuch für Kinder,
deutsche Ausgabe.

DER PLUDERICH

von Barbara Frischmuth · Illustrationen von Walter Schmögner

INSEL VERLAG

1969 Der Pluderich von Barbara Frischmuth. Barbara hatte
mich mit Siegfried Unseld bekannt gemacht. Daraus entstand die
Gründung der Kinderbuchabteilung im Insel Verlag (Lektorin:
Elisabeth Borchers, mit der mich eine enge Freundschaft verband).

43

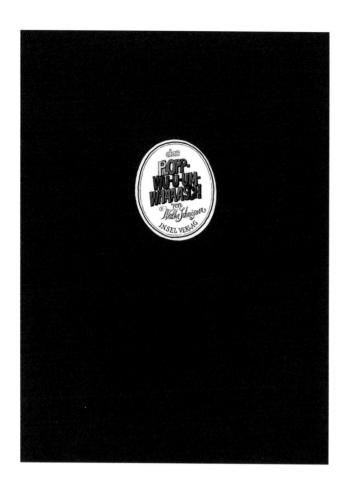

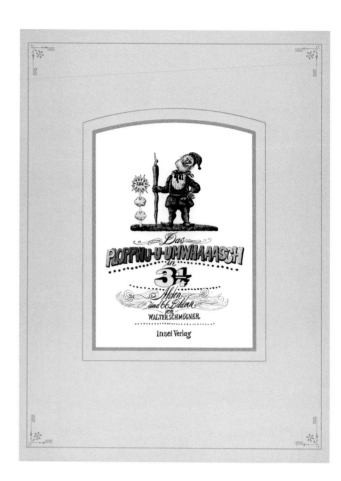

1970 Das „das Plopp-Wu-U-Um-Whaaasch", Insel Verlag Frankfurt am Main,
24-seitige, 6-farbige Erstausgabe im Zuge der Neugründung der Kinderbuchabteilung

Gespräch mit Thomas Bernhard am 26./27. August 1969 über eine »Neue österreichische Bibliothek« im Insel Verlag

Die »Neue österreichische Bibliothek« sollte nicht direkt innerhalb der Insel-Bücherei erscheinen, aber der von uns geplanten »neuen« Insel-Bücherei im Format und im Äußeren angepaßt sein. Also: Format IB, Einband Ballacron, Umschlag gelb mit farbigem Aufdruck, Umfang 60 – 250 Seiten, variierender Preis.

Folgende Titel erscheinen Thomas Bernhard und mir möglich:

I. Serie, 6 Bände, Mai 1970:

1. Adalbert Stifter, »Sonnenfinsternis«. Nachwort von Peter Handke.
2. Ein Band aus der alten »Österreichischen Bibliothek«. Hier der Vorschlag entweder Band I: »Grillparzers politisches Testament« mit der Einleitung von Hofmannsthal oder »Audienzen bei Kaiser Joseph«, ediert von Felix Braun, der vielleicht die Sache noch erweitern könnte, oder »Dokumente aus Österreichs Krieg gegen Napoleon«.
3. Wittgenstein. Ein Text oder Briefe zum österreichischen Gegenstand.
4. Karl Kraus, »Gedichte«. Ausgewählt von Peter Hamm (das für die BS vorgesehene Projekt würde hier eingebracht).
5. Walter Schmögner, »Das Plopp-Wu-U-Um-Whaaasch« .
6. H. C. Artmann, »med ana schwoazzn dintn«, erweitert von Artmann, evtl. auch um die Villonschen Balladen auf wienerisch.

II. Serie, 6 Bände, September 1970:

7. Anthologie neue österreichische Literatur (ungedruckte Texte, herausgegeben von Kolleritsch).
8. Sigmund Freud.
9. Zur Sozialgeschichte Österreichs I (hier soll eine Sub-Reihe mit Faktographien entwickelt werden).
10. Adorno, »Alban Berg«.
11. Wieder ein Text aus der alten »Österreichischen Bibliothek«, z. B. »Schubert im Freundeskreis« oder Texte von und über Mozart, Haydn, Beethoven.
12. Thomas Bernhard, Erzählungen.

III. Vom November 1970 an sollten dann monatlich zwei Bände erscheinen: diese zwei Bände sollten aufeinander abgestimmt sein, z. B. Karl Kautsky, »Politische Schriften«, und Andrian, »Garten der Erkenntnis«. Oder Roth, »Legende vom heiligen Trinker«, und Hildesheimer, »Wer war Mozart?«.

Außer den bekannten und unbekannten österreichischen Klassikern müßte man auch an Leute denken wie Kürnberger oder Ferdinand Ebner oder Theodor Kramer (ediert von Guttenbrunner). 2. September 1969.

Ohlsdorf, 15.9.69

Lieber Dr. Unseld,
vielleicht fährt bald einmal wieder Ihr Wagen in meinen Hof herein, das freut mich dann!
Seit Tagen bin ich wieder intensiv mit dem Roman beschäftigt, warte auf die Fahnen von »Watten«, das, bitte, programmgemäß erscheinen soll und bin überhaupt in bester Konstellation.
Die Abschließung hier ist mir, arbeite ich intensiv, am förderlichsten. Diese »Zustände« nütze ich aus.

(...)

Zu den ersten sechs Bänden:
Meine Vorstellung:
1. »Sonnenfinsternis« (Handke)
2. Aus d. alten Bibliothek*
3. Wittgenstein
4. Ferdinand Ebner! (Hans Rochelt)
5. Karl Kraus »Gedichte« (Hamm)
6. Artmann

Ich möchte zuerst eine Sache wie den jungen Schmögner nicht veröffentlichen. Dafür ist der Artmann als heutiger Narr dabei. Im großen und ganzen denke ich, sollte in einer solchen Bibliothek eine Art österreichischer exempla classica erscheinen, und man soll in jeder Lieferung ein neues Buch, ausdrücklich darauf hinweisend, dass das neu ist, heutig, erscheinen [lassen].
Ein Blick auf die erste Liste sagt mir: bitte schreiben Sie an Hans Rochelt, Wien 1. Blumenstockgasse 5/4 p. A. David, wegen Ferdinand Ebner, den Philosophen, der in Deutschland nahezu gänzlich unbekannt ist und aus dem Sie wahrscheinlich etwas so außergewöhnliches machen können wie aus dem Wittgenstein.
Tatsächlich bin ich von der Idee der Österr. Bibliothek mehr als berührt und ich kann jetzt, ohne noch aktiver zu sein, nur hoffen, daß etwas annähernd meinen Vorstellungen entsprechendes dabei heraus kommt. Dieses Land verdient eine solche Bibliothek überhaupt nicht, aber denen, aus welchen sie schließlich gemacht wird, ist sie zweifellos zum posthumen Vergnügen, um nicht zu sagen zur Ehre, ein Begriff, der keine Ohrfeige mehr wert ist.

Ich bin begierig auf Information und ich danke und grüße herzlich Ihr

Thomas Bernhard

* in ihr gibt es allerdings wenig Brauchbares für die Zukunft !!! Aber als Erstes ja, als Geste.

Thomas Bernhard/Siegfried Unseld, „Der Briefwechsel", Suhrkamp Verlag, Frankfurt a. M., 2009

1967 Platsch, M.T. a.P., 69 x 51 cm

1967 Zwack, M.T. a.P., 69 x 51 cm

1970 Buchcover „Böse Bilder", Verlag Jugend & Volk, Wien – München.

Mit zwei Bilderbüchern hat sich der junge Walter Schmögner in die vordere Reihe der Cartoonisten hineingezeichnet. Sein neues, drittes Buch enthält die besten Zeichnungen und Aquarelle aus seinen vielen Mappen und Mäppchen: Ihr-werdet-schon-noch-sehen- und Es-ist-schlimmer-als-man-denkt-Überlegungen eines schön sarkastischen Zeitgenossen, Zusammenhanglos-Zusammenhängendes, im ureigenen Auftrag entstanden. „Böse Bilder", von einem „braven" Text des wackeren H. C. Artmann einbegleitet.

Otto Breicha

JUGEND & VOLK
WIEN-MÜNCHEN

Oben: 1970 Plakat zur Buchpräsentation

Links: 1967 aus „Böse Bilder",
Der Dampfkessel, Tusche a.P., 69 x 51 cm

Unten: 1971 Titelportrait im MAD,
japanische Ausgabe, Tokio.

1965 Aus „Böse Bilder": Ein Gruß an Dich, Tusche a.P., 22 x 35 cm

1970 The Daily Telegraph Magazin, London
Portrait mit Text von Traudl Lessing
Abb.: TRRR..., 1968, Tusche, Aquarell a.P., 69 x 51 cm

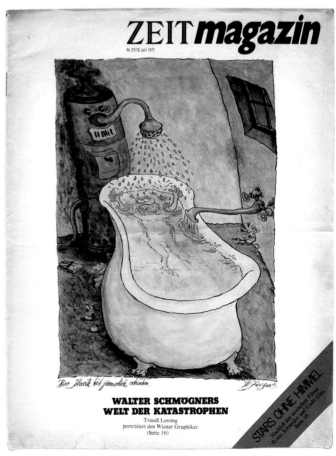

1971 Zeit Magazin, Hamburg
Abb.: Herr Slavik tut jämmerlich ertrinken,
Tusche, Aquarell a.P., 61 x 43 cm

MENSCHEN, TIERE, KATASTROPHEN

Von Traudl Lessing

Walter Schmögner malt vermodernde Auflösung, obszönes Wuchern und explosionsartige Vernichtung. Er reiht sich damit würdig an seine geistigen Vorfahren von Kafka über Karl Kraus zu Herzmanovsky-Orlando, deren natürliches Bewußtsein der Vergänglichkeit alles Irdischen durch die mangelnde Ernsthaftigkeit des spezifisch österreichischen Weltunterganges schmerzhaft gesteigert wurde.

Der Pessimist Schmögner, Jahrgang 1943, hat Erfolg. Seine Kinderbücher haben in den letzten vier Jahren Auflagen von 15 000 Stück erreicht. Seine „Bösen Bilder" haben österreichische und deutsche Leser das Gruseln gelehrt. 1971 wird er Ein-Mann-Shows in München, Düsseldorf und Zürich haben. Er macht jede Woche die Titelseite der Fernsehbeilage des Wiener Express, und seine grauslichen Menschen und seltsamen Tiere kriechen inzwischen durch die Seiten aller besseren Sonntagsbeilagen.

Ganz anders als seine Geschöpfe mit den ungewissen Umrissen, ist Schmögner schmal und schlank, mit einem kindlich-seidigen Pagenkopf, der ihn eher wie einen romantischen Dichter des vorigen Jahrhunderts als einen „angry young man" erscheinen läßt. Die österreichische Spezies Untergangsprophet war selten aggressiv-revolutionär.

Sicherlich hängt der romantische Jüngling Schmögner mit einer seltsamen Haßliebe an Österreich-Kakanien, seinem hoffnungslos dahinbröselnden Vielvölkerstaat und der daraus entstandenen Alpenrepublik. Durch viele seiner destruktivsten Geschichten geistert eine Abart des österreichischen Doppeladlers, ein wahres Scheusal von einem gerupften Brathendl, das das „Doppel" wirklich ernst genommen hat: Zwei magere Hälse, vier Flügel und vier Beine – kurz, der Traum eines Backhendl-Freundes, deren es in Wien etwa 1,7 Millionen gibt.

Bei Schmögner stürzt sich dieses Superhuhn in Doppelhals-brecherischem Tempo durch trostlose Mondlandschaften und wird in einer weiteren Serie von Weltuntergangszeichnungen zum furchtbaren Kriegsvogel mit dem Maschinengewehrschnabel, der auf seinem rasenden Flug über eine zerstörte Erde nur ein kleine, säuberliche Häuflein Knochen hinterläßt. Alle diese schreckenerregenden Szenen von Tod und Untergang werden von schauerlich-komischen Textblasen begleitet, die „thoonk" sagen, oder „kaawummpp", und das beste von Schmögners apokalyptischen Büchern heißt schlicht. „PLOPPWU-U-UMWHAAASCH".

Diese explosiven Lautmalereien haben einen natürlichen Bezug zu Schmögners frühester Kindheit und

Das Brathendl ist für Walter Schmögner (oben) Symbol Österreichs, sozusagen eine Abart des alten k. u. k. Doppeladlers. In seinen Büchern verwandelt sich das gemütliche Hendl oft in einen furchtbaren Kriegsvogel mit Maschinengewehrschnabel, der auf seinem rasenden Flug über eine zerstörte Erde nur Knochen hinterläßt. So zu sehen in Schmögners „das PLOPP-WU-U-UM-WHAAASCH" (links; Insel-Verlag). – Weitere Bücher Schmögners: „Das Drachenbuch", „Traumbuch für Kinder", „Der Pluderich" (Insel-Verlag); „Böse Bilder", „Mrs. Beestons Tierklinik", „Die Propellerkinder" (Verlag Jugend & Volk, Wien).

den Bomben, die damals auf Wien fielen. Auch die Wohnung der Eltern wurde im letzten Kriegsjahr zerstört, und die Schmögners zogen in ein ehemaliges Lazarett, das zu einem Lager für Ausgebombte umgewidmet worden war.

Es war eine herrliche Zeit. In kleinen Banden erforschten die Kinder die geheimnisvollen Gänge und Schluchten des weitläufigen Gebäudes mit seinem Wald von Rohren und verfallenden Resten technischer Einrichtungen. Schmögner erinnert sich sogar an einen Knochenfund als Höhepunkt kindlicher Abenteuers.

Während sein älterer Bruder aus Korken, Holz und Restchen von Spagat phantastische Maschinen konstruierte, zeichnete sich Walter eine Welt, in der maschinelle Tiere und tierische Maschinen ein seltsames Wechselspiel trieben. Schließlich ging er auf die Wiener Graphische Lehr- und Versuchsanstalt (Schmögner: „Die Graphische Lehr- und Museumsanstalt") – keine

Kunstakademie, sondern eine Höhere Schule mit solider technischer Ausbildung für Graphiker, Photographen und Drucker.

Den Lehr- folgten die Wanderjahre, die Zeit, in der der junge Künstler von Agentur zu Agentur, von Verlag zu Verlag wandert, mit einer stets gleich voll bleibenden Mappe von Zeichnungen. Preiser-Records, eine kleine, aber besondere Wiener Schallplattenfirma, gab Schmögner eine erste Chance, und als seine Plattencovers gefielen, bat der Besitzer der Firma den jungen Mann, doch etwas für die Schlafzimmer seiner Kinder zu machen. Schmögner erfand zwei Dutzend seltsamer Tiere – und begann damit eine Darwinsche Reihe von Kreaturen, deren Entwicklung noch keineswegs abgeschlossen ist.

Aber so verbissen Schmögner die Eitelkeit der Welt karikiert und den Zerfall des Leibes schaudernd belächelt, kam doch der große Erfolg durch eine Seite seines Talents, die

der ernsthafte Zeitkritiker am liebsten unterdrücken möchte: durch das Kinderbuch.

Für den Insel-Verlag zeichnete Schmögner „Das Drachenbuch" – und sein liebenswert-tolpatschiger Drache, der so gerne Anschluß an freundliche Tiere fände, war ein so großer Erfolg, daß sein geistiger Vater ihn fast verleugnen möchte. „Ich laß mich einfach nicht als Zeichner von lieben Drachen und süßen Schweinderln verkaufen", schimpft Schmögner, dem es um sein makabres Image bang ist.

Er rächt sich, indem er würdige Großväter mitsamt ihren Zigarren explodieren, schaukelnde Großmütter vermodern und ungewollte Kindlein sich aufhängen läßt. Schmögner geißelt das geistige Beharren im kaiserlichen Obrigkeitsstaat mit der „Polizistengehirnwäsche" und dem „Herrn Freiwilligen-Selbstkontroll-Oberamtsfilmzensurrat"; er trifft die falsche Traditionsliebe des Wieners mit Pop-artigen Postkarten von der spanischen Reitschule und den Sängerknaben („Kennen Sie die Ideal-Karriere des Österreichers? Als Sängerknabe anfangen, dann Lipizzaner werden und mit 24 in die Rente gehen") und rächt sich an seinen „aufgeblasenen und provinziellen" Mitbürgern und Stadtvätern mit einer in zartfarbigem Detail gemalten Szene „Herr Slavik tut jämmerlich ertrinken" (siehe Titelbild).

Schmögner hofft, noch oft die Aussageweise zu wechseln – zunächst fasziniert ihn die Raumfahrt, aber bevor Knochenhäufchen und kosmische Explosionen unser Weltbild erschüttern werden, kommen doch noch einmal die Tiere dran. Mit einem Freund als Texter hofft Schmögner, Brehms Tierleben zu neuem Glanz zu verhelfen: „Aber das werden keine lieben Viecherln wie der verdammte Drachen".

Eine Reihe moralischer Lebensbeschreibungen soll folgen, wie etwa die Geschichte von der Fliege, die tagelang versucht, durch eine geschlossene Scheibe zu entfliehen und im Augenblick ihrer endlichen Befreiung das Zeitliche segnet, oder die Geschichte von dem Mann mit den elf Fingern, der, wäre er nur zu einem Zirkus gegangen, ein geachtete Mitbürger hätte sein können, aber durch seine unverständliche Weigerung, sein Gebrechen zur Schau zu stellen, ein ewiger Außenseiter bleibt ...

Wie sehr diese und andere moralische Anstalten Schmögners selbstzufriedene Heimatstadt aufschrecken, bleibt ungewiß. Niemand hat die im sozialistischen „Jugend und Volk" Verlag mit viel Liebe herausgegebenen „Bösen Bilder" mit bösen Briefen beantwortet. Herr Bürgermeister Slavik hat nie gegen seine öffentliche Ertränkung in einer Wiener Galerie protestiert, und das Unterrichtsministerium kauft von Zeit zu Zeit ein Aquarell. Der bittere Moralist erstickt im Lob für den Maler lieber Drachen. Wien hat es eben immer verstanden, apokalyptischen Protest mit Schlagobers zuzudecken. ●

18

1971 Zeit Magazin, Titelgeschichte von Traudl Lessing, Foto: Brian Spence

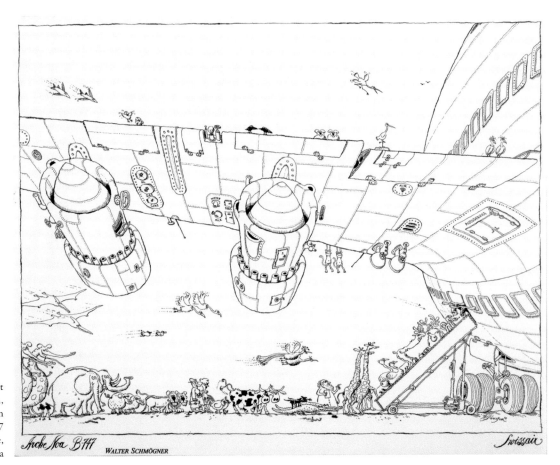

Arche Noa B747 WALTER SCHMÖGNER Swissair

1970 Mappe mit
7 Federzeichnungen, 30 x 42 cm,
2 Beispiele, Thema: Vorstellen
der neuen BOEING 747
Kleine exklusive Ausgabe,
Auftraggeber: Swissair Austria

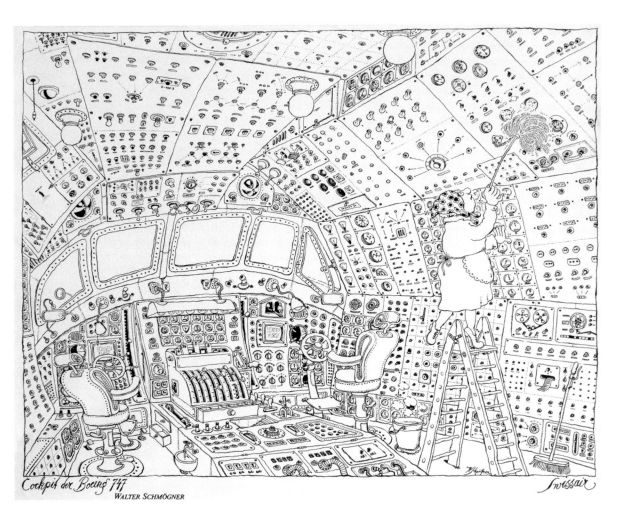

Cockpit der Boeing 747 WALTER SCHMÖGNER Swissair

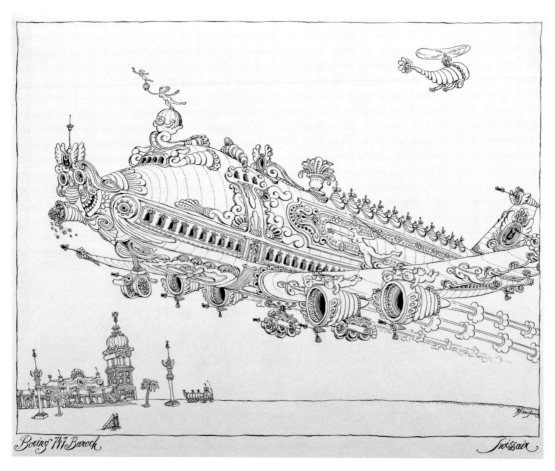

Boeing 747 Barock

Swissair

1970 Mappe mit
7 Federzeichnungen, 30 x 42 cm
2 Beispiele Thema: Vorstellen
der neuen BOEING 747
Kleine exklusive Ausgabe,
Auftraggeber: Swissair Austria

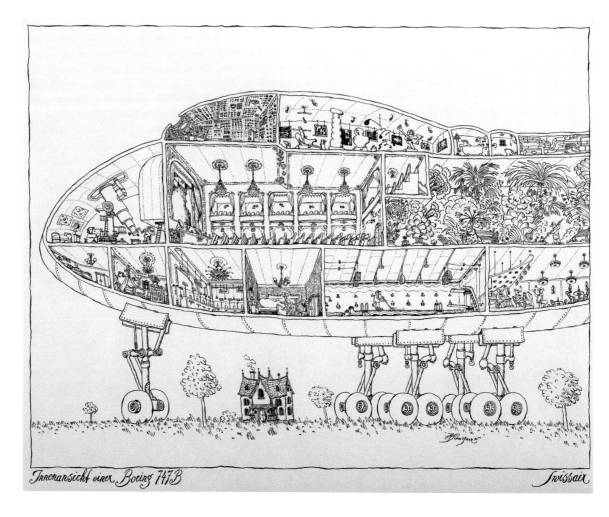

Innenansicht einer Boeing 747B

Swissair

Oben rechts: 1970 Sitzend am
Schwarzenbergplatz, fotografiert von
meiner Cousine Marika Skoumalová

Oben links: Kirsten (Hansen
Loeve), Foto: Brian Spence

Unten: Zwei Standfotos aus dem
Filmportrait W.S., Aspekte ZDF, 1970.
Links mit Sohn Thomas.
Rechts auf dem Kahlenberger Friedhof mit
dem Wiener Straßenmusiker „Pfeifferl".
Fotos: Archiv ZDF

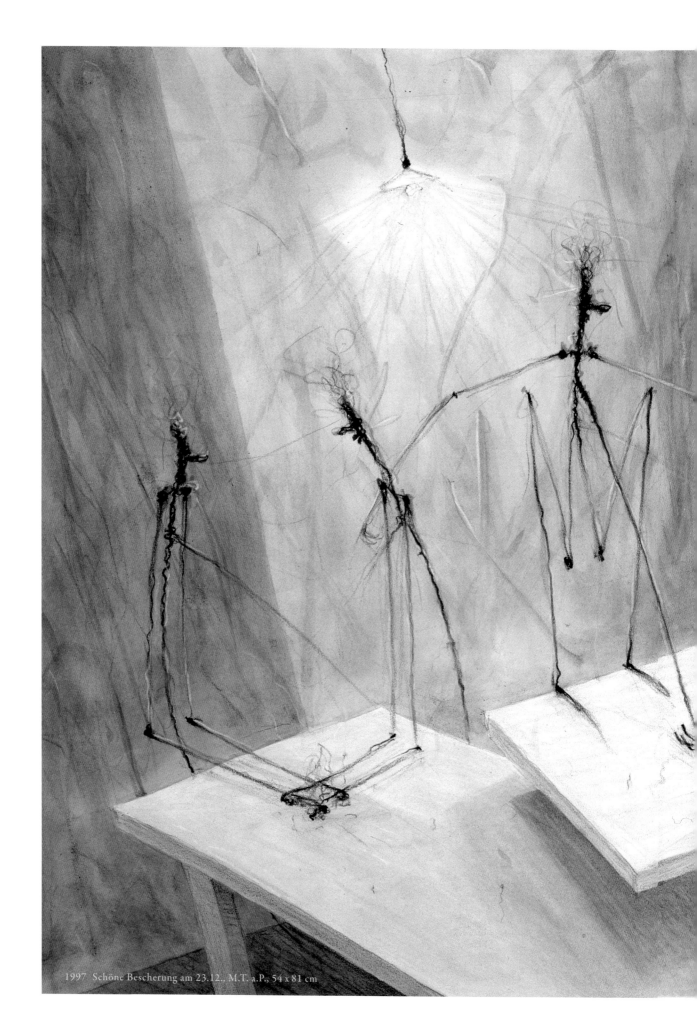

1997 Schöne Bescherung am 23.12., M.T. a.P., 54 x 81 cm

Plötzlich geht alles sehr schnell. Mit einem Mal sind die alten Gewissheiten fortgefegt. Neue stehen nicht zur Debatte. Sie wären auch gar nicht zugelassen. Jetzt stehen alle Möglichkeiten offen. Man muss nur die Gelegenheit ergreifen, jede denkbare, die sich bietet. Wer sollte es verhindern können? Es fließen die unterschiedlichsten Fantasien ineinander. Jede einzelne ist voller Verheißungen, verspricht das Ungeahnte, den großen Befreiungsschlag. Jeder ist eingeladen durch phantastische Schlaraffenwelten zu spazieren, in magischen Universen herumzutollen. Was es nicht gibt, muss man nur noch erfinden und weil es nichts gibt, das sich nicht erfinden ließe, fallen die Grenzen, die Hemmungen, der ganze Ballast, den man bislang mit sich geschleppt hat. Das weiß jedes Kind. Der Bann ist gebrochen. Man schwebt, fliegt, wundervogelgleich.

Viele Nächte werden durchgequatscht. Wie will man das Leben gestalten, fragt man. Mal so, mal so, aber gewiss nicht so, wie bisher. Viele unterschiedliche Antworten finden sich. Kommt auf den Versuch an. Jeder bastelt an seinem Zukunftsprojekt, an mehreren zugleich, auch an solchen, die einander widersprechen. Das kümmert niemanden. Wer sollte Zeit finden für logische Überlegungen, wenn alles vorwärts gerissen wird von einem Hurrikan ins Übermorgen. Mag sein, dass man die Beliebigkeit mit Freiheit verwechselt. Doch das tut dem Lebensgefühl der unbegrenzten Möglichkeiten keinen Abbruch. Wonach die Zeit verlangt, das ist ein turbulentes Auf und Ab, ein Kaleidoskop mit immer neuen Paradiesbildern. Die Stadt, die vor lauter Ehrwürdigkeit altersschwach gewordenen Mauern, dienen nur noch als Kulisse, in dem ein Stück aufgeführt wird, dessen Dialoge erst beim Spielen entstehen. Stegreiftheater, ohne vorherbestimmten Handlungsfaden, voller absurder Wendungen und verblüffender Effekte.

Es gibt auch durchaus ernste Köpfe, die sich den Kopf darüber zerbrechen, wie künftige Strukturen aussehen sollen. Dazu schleppen sie Berge an Theorien herbei, die rosa sind oder barrikadenrot, verfassen ganz lange Traktate und reden heftig aufeinander ein. Das sind die Spaßverderber. Sie sind felsenfest davon überzeugt, dass sie eines Tages die Welt in einen besseren Ort verwandelt haben werden. Es ist eine perfekte Arbeitsteilung. Das sind die, die sich damit abmühen, die kleinen Dinge ein wenig besser zu organisieren und die banalen Dummheiten aus der Welt zu schaffen. Und dann gibt es jene, die sich dem großen Gegenentwurf verschrieben haben und verkünden, dass man das Dasein von Grund auf neu denken müsse. Es funktioniert. Man findet einander und verliert sich wieder. Es herrscht ja gewaltiger Nachholbedarf in beiden Sphären.

In Wien geschehen Dinge zeitversetzt, die Entwicklung hinkt hinterher. Die Welt ist noch nicht so vernetzt, dass Phänomene auf ihre globale Gleichzeitigkeit überprüft werden könnten. Die Sonden reichen nicht weit über den eigenen Tellerrand hinaus und es dauert lange, bis eine Rückmeldung erfolgt. In den Metropolen kündigt sich bereits der Katzenjammer an, Wien hingegen steht noch ganz im Bann der Aufregung in der Provinz.

Joachim Riedl

1971 Mobil-Kalender,
Auftraggeber: Mobil
Oil Austria, Agentur
Gould&Cargill, Creative
Director Friedl Wicke

1971 Mobil-Kalender,
Auftraggeber: Mobil
Oil Austria, Agentur
Gould & Cargill, Creative
Director Friedl Wicke

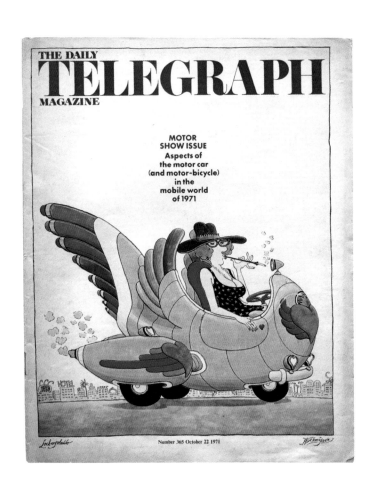

1971 The Daily Telegraph Magazine, London,
Abb.: Lockvogelauto aus dem Kalender

1971 Sujet für Plakat und Inserat

1971 Erste wöchentliche Fernsehbeilage Österreichs im EXPRESS, Wien, vier Coverbilder. Im Auftrag von Hans Dichand wurde ich als Artdirector eingesetzt. Ich habe u. a. Künstler wie Padhi Frieberger, Robert Klemmer und Walter Pichler zu diesem Thema eingeladen.

1967 Hund, M.T. a.P. 50 x 70 cm

1967 Sau, M.T. a.P. 50 x 70 cm

1967 EWG-Kuh, M.T. a.P. 50 x 70 cm

1967 Nashorn, M.T. a.P. 50 x 70 cm

2006 Hyäne beim Totlachen, M.T. a.L., 70 x 100 cm

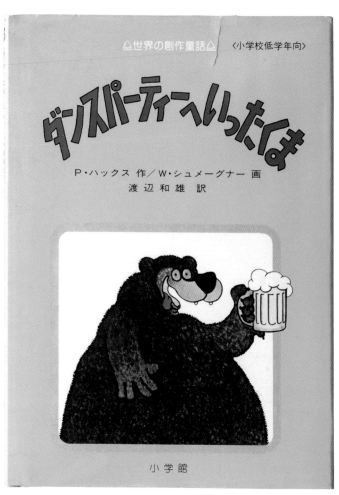

1972 Der Bär auf dem Försterball von Peter Hacks, Middelharve Verlag.
Ursprünglich waren die Illustrationen großformatig für eine Kindersendung
des WDR von mir gestaltet worden. 32 Arbeiten auf Karton 42 x 60 cm

1973 Japanische Ausgabe

Weitere Ausgaben:

„Bjørnen der
kom til jægerball",
Sommer & Sørensens Forlag,
Kopenhagen, 1974

„The Bear at the
Huntsmen's Ball"
Abelard Picture Books
Abelard-Schuhman,
London, 1975

„L'ours au rendez-vous
des gardes-chasse"
renard poche - l'ecole des loisirs,
Paris, 1976

„The Bear at
the Hunter's Ball"
Addison-Wesley Publishing
Reading, Massachusetts
USA, 1976

1972 Das Etikettenbuch,
Insel Verlag, Frankfurt a. M.,
24-seitige, 7-farbige Erstausgabe.
Das Buch entstand aus alten
Etiketten, die ich in einer Wiener
Papierhandlung entdeckt hatte.
Übrigens: Das Etikettenbuch
ist das Lieblings-Kinderbuch
von Karl Lagerfeld.

1972 Atelier Hardtgasse 17, Wien-
Döbling, Foto: Gerhard Heller

1972 Frankfurt. Im Haus von Elisabeth Borchers und Claus Carlé.
Claus war mein engster Freund im Suhrkamp- und Insel Verlag. Er
betreute die Presse- und Werbeabteilung. Foto: Brian Spence

1972 Cover der limitierten Privatauflage. Ich habe im Wiener Winterhafen
einen leeren Öltank entdeckt und ihm durch die Schläge mit Steinen
und Prügeln unheimliche Töne entlockt – daher der Titel.

1972 Bucklige Welt. Im Haus von Wilhelm und Ulla Holzbauer mit Christian und Ingrid Reder, Susanne
Schmögner, holländischen Freunden und mir mit meinem Sohn Thomas. Foto: Brian Spence

1985 Nervöse Beziehung,
M.T. a.P., 35 x 50 cm

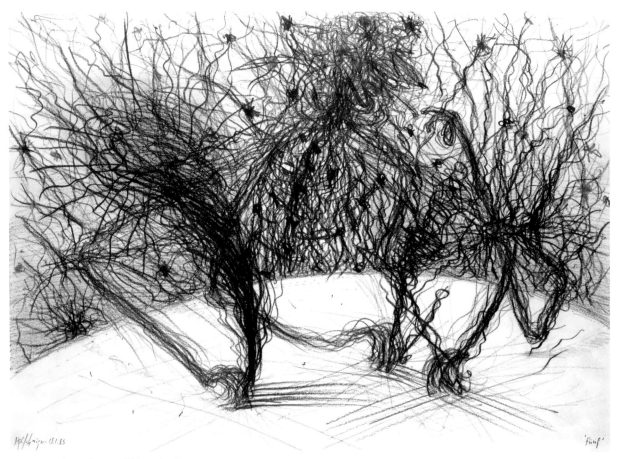

1985 Kratzbürstchen, Farbbleistift a.P., 35 x 50 cm

1985 Anfall, Farbbleistift a.P., 35 x 50 cm

1985 Intellektueller, Farbbleistift a.P., 35 x 50 cm

1985 Zungenbiss, Farbbleistift a.P., 35 x 50 cm

Wochen-Feuilleton

profil
Das unabhängige Magazin Österreichs

Nr 8
13. April 1973
4. Jahrgang
S 20.–
DM 3.–
sfr 3.50

Volkspartei:
Marsch auf Slaviks Wien

Salzburger Baupapst Zyla:
Die Chamäleon-Vereine

Leutner-Prozeß:
Erstes Urteil über Slavik

Pornojäger Hamer:
Saubermacher der Nation

Verhältnis Österreich-Ungarn:
Die zweite Halbzeit

1973 Profil-Cover

Links / unten: 1973 Wochen-Feuilleton für Kultur von
Ernst Trost in der Kronen Zeitung. Der Auftrag: Zeichnender
Korrespondent der 33. Internat. Hahnenkamm-Rennen

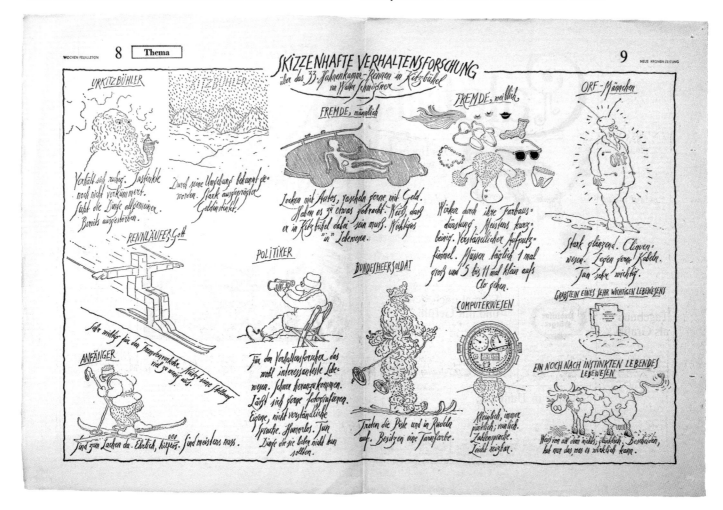

1973 1. Kunstband im Insel Verlag,
Abb. Kahler Raum mit Fenster, 1971, M.T. a. Karton, 41 x 31 cm

Oben: 1971 Großes periodisches Fensterbild, M.T. a.P., 102 x 69 cm
Unten: 1973 Zwei Fragezeichen, Graphit, Tempera a. Karton, 42 x 60 cm

1971 Großer rekommandierter Brief, „Kuvert", Objekt aus Karton, Seidenpapier u. Collage, 40 x 53 cm

Email Reindls. Der Antragsteller ersucht daher um die wohlwollende Erledigung seines Ansuchens, ihm die Ermöglichung der Ankündigung (Lt. d. M/ABGB. Nr. 3041 §§ 10029-ÖDL/736 §1431 und VVG., 1973 §§ 103-7½ 732/2 §9,5) stattzugeben.

Auf die 2 neuen Inventarnummern wartet
Ihr
Hochachtungsvoller
Anton Arm

Wien, am 1.11.1977

A. Arm: Inventar Nr.: 10073-ADX11, ÖW/36 1050/8-19, 347/30/71 -ZR-Wien

Betreff: Ansuchen um die Ermöglichung einer Ankündigung.

An die sehr geehrte hochbürokratische Museumsführung Herrn s.g. Herrn Oberrechtslinksobenden Vizemuseumsrat DDDr. (h.c.[h.c.(h.c.)]) ü. SAR. GR. K Koär.
Franz Felix Mafioschi-Slawschtik
Finanzgenieabteilung linksrunterdannhalt.
Rathaus-WIEN

<u>Ansuchen</u>

Der Antragsteller ersucht um die Ermöglichung einer Ankündigung.

<u>Begründung</u>

Der Antragsteller ist seit 1.11.1977, 9 Uhr^05 Kindes=vater einer Tochter. Die Mütter ist Anna Arm: Inventar Nr.: 10074-AFX11, ÖW/40. Weiters ist der Ansucher Neuerwerber eines neuen 10l Austria

./.

Großer rekommandierter Brief, „Brief", 75 x 51 cm

73

1973 Beschäftigungstherapie für lebenslänglich Inhaftierte, M.T. a.P., 70 x 100 cm

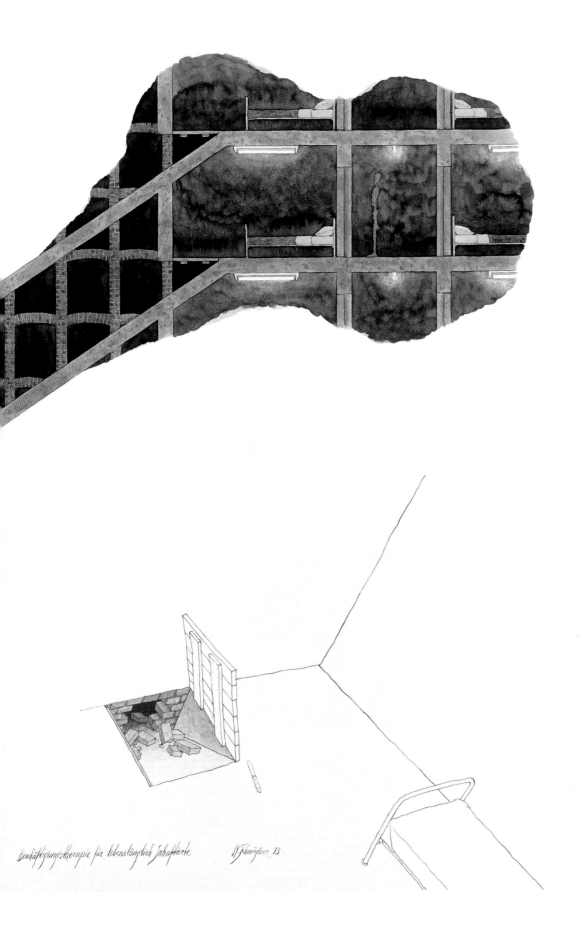

Beschäftigungstherapie für lebenslänglich Inhaftierte   N.Schröder 73

insel taschenbuch
für kinder

1973 Das unendliche Buch, Insel Verlag

Die „Unendlichkeit" hat mich seit meiner Kindheit beschäftigt.
In den 70er Jahren habe ich die Umsetzung dieses Themas
mit dieser Bildergeschichte realisiert. 2003 setzte die
Universität von Notre Dame, Indiana, U.S.A. die Verfilmung
dieses Themas um. Siehe www.jinaweb.org/start.html

Das Buch Zehn Hoch von Philip und Phylis Morrison
in der Amerikanischen Erstausgabe Scientific Books mit
der selben Themenlösung ist 1982 erschienen.

Das Mittelstück jedes Bildes er-
gibt - vergrößert - das nächste
Bild.

Auf   diesem fremden

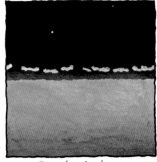

Planeten liegt ein

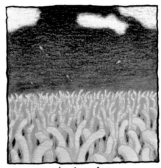

Wassertropfen auf einem Grashalm.

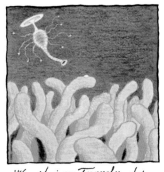

Wie mit einem Fernrohr, das zugleich ein

Mikroskop ist, näherst du dich diesem Wassertropfen.

Und wenn du jetzt weiterliest, wirst du immer kleiner werden.

So klein, daß der Wassertropfen so groß wie die ganze Welt wird.

Und du fliegst wie mit einem Raum=schiff in diesen Wassertropfen

immer tiefer hinein.

Jeder Wassertropfen besteht aus vielen, vielen Millionen

Atomen, so wie unsere Welt aus vielen, vielen Millionen Sonnen und Planeten besteht.

Und jetzt stell dir vor, daß all diese vielen Millionen Atome in diesem Wasser=tropfen

in Wirklichkeit Sterne und Planeten sind.

Und nach vielen tausend Jahren bist du dann irgendwann bei unserer Sonne

und ein paar Tage später schon ganz nahe

unserer Erde ...

1975 Komm raus Mutter,
Tusche a.P., 31 x 41 cm

DAS
GUTEN TAG
BUCH

von Walter Schmögner

Insel Verlag

1974 Das Guten Tag Buch, Insel Verlag, Frankfurt a. Main

1974 Pilar Goess im Atelier Spiegelgasse 2, Wien-Innenstadt
Im Guten Tag Buch habe ich meine Freundin Pilar verewigt:

Die Hausschuhe:

»Haha . . . Ich erinnere mich daran, wie er einmal
vergessen hat, seine Schuhe anzuziehen, und mit uns aus-
gegangen ist. Er war damals sehr verliebt. Das Mädchen
hieß Pilar. Aber er hat uns den ganzen Abend lang
anbehalten. Wir waren sehr stolz darauf.«

Das Bett:

»Und in mir sind sie gelegen und haben einander die
ganze Nacht hindurch gestreichelt und geküßt.«

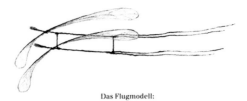

Das Flugmodell:

»Und mich hat er gebastelt und dabei immer gesagt: ›Ich
liebe dich, Pilar.‹
Schaue ich nicht wie zwei Menschen aus, die miteinander
fliegen?«

Ein Zettel:

»Das wissen wir schon.

Heute werde ich euch meine Geschichte erzählen. Eine
Geschichte, die unser Herr vor langer Zeit auf mich nieder-
geschrieben hat. Ein alter Mann hat sie ihm damals erzählt.
Diese Geschichte soll schon sehr alt sein. Hört mir zu,
ich lese vor:

›Es war einmal ein Berg, und dieser Berg war sehr steil.
So steil, daß man das Haus, das auf dem Gipfel dieses
Berges stand, zwar sehen, aber nicht erreichen konnte.
Dieses Haus stand schon seit vielen hundert Jahren auf
diesem hohen steilen Berg. Aber niemand hatte es je erreichen können. Und so wunderten sich alle Menschen,
warum wohl ein Haus auf einem so steilen Berg stand,
obwohl es noch niemand hatte erreichen können.

Die Zeit verging. Und von überall her kamen Menschen,
um das zu sehen, was sie nicht für möglich hielten. Einmal
im Jahr, zur Sonnenwende, feierte man am Fuß des Berges
ein großes Fest. Die Musik spielte, und alle tanzten. Und es
gab Lutscher, die aussahen wie Berge mit einem Haus
darauf.

Doch eines Tages begann man, Stufen in den Berg zu
schlagen. Jeden Tag eine Stufe. Aber je höher sie kamen,
um so schwieriger wurde es. Denn es dauerte ja immer
länger, um da hinaufzugelangen. Und damit wurde auch
der Heimweg immer länger. So blieb immer weniger Zeit
für die Arbeit. Sie geriet immer langsamer, so langsam,
daß man bald für eine Stufe einen Monat benötigte.
Jahre vergingen.

Nun dauerte es bereits ein Jahr, bis eine Stufe geschlagen
war. Für die vorletzte Stufe benötigten sie schon zehn
Jahre. An der letzten Stufe arbeiten sie heute noch.
Aber die Zeit wird kommen, da werden die Menschen
dieses Haus berühren, jedoch noch immer nicht wissen,
warum auf einem so hohen steilen Berg ein Haus steht, das
doch vor ihnen noch niemand hatte erreichen können.‹«

1974 Textauszug aus Das Guten Tag Buch

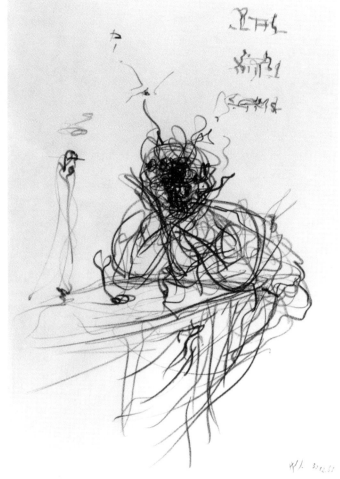

1988 16. Tagebuch Nr. 2,
Bleistift a.P., 29,7 x 21 cm

1997 Flieg, Seele flieg, M.T. a.P., 58 x 45 cm

1997 Alte Seele, Acryl a.P., 58 x 43 cm

83

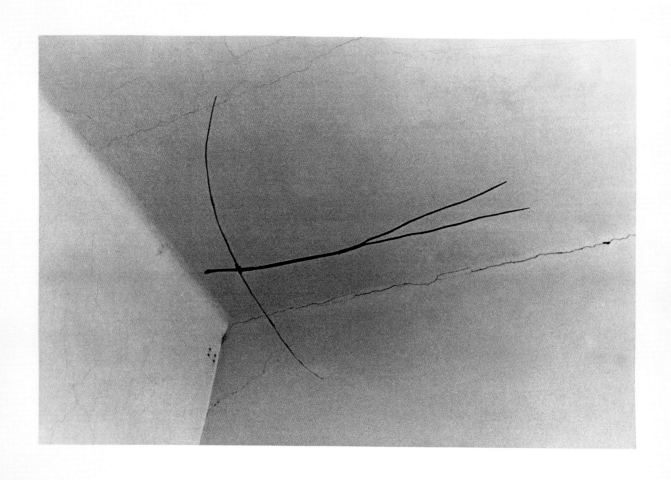

1973 (Mein erstes Objekt) „Seele", Objekt aus Ästen und Hanfschnüren, 160 x 180 cm, Foto: Brian Spence

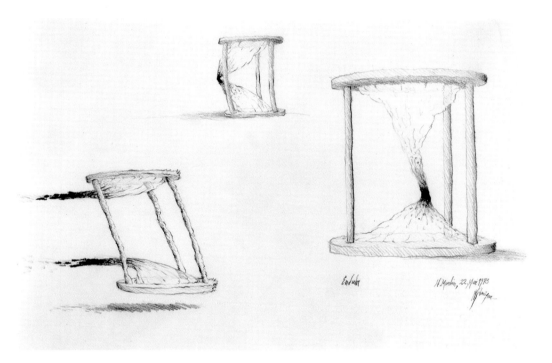

1973/74 Drei Graphitstift-Zeichnungen, die bei Besuchen
im Haus von Walter Pichler entstanden sind.
Oben: Haus, 1973, Bleistift a.P., 21 x 30 cm
Mitte: Enduhr, 1973, Bleistift a.P., 30 x 42 cm
Unten: Bäuerin, 1974, Bleistift a.P., 21 x 30 cm

1977 Modell für ein Gebäude,
Tusche, laviert, a.P., 51 x 69 cm

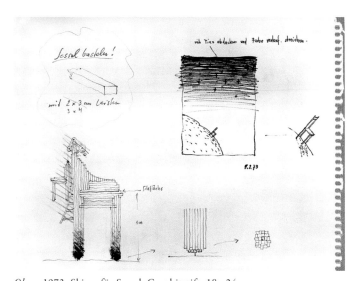

Oben: 1973 Skizze für Sessel, Graphitstift, 18 x 24 cm

Rechts: 1973/75 Objekt „Sessel", Fichtenholzleisten, geleimt (Beine verkohlt), 120 x 78 x 67 cm, aus: Zeit zum Aufbrechen, Insel Verlag, 1978. Foto: Brian Spence

1974 Denkmal in der Wüste, M.T. a.P., 32 x 40 cm

1974 Besuch meiner Hawelka-Freunde im Atelier in der Spiegelgasse 2: Walter Pichler, Mariusz Demner,
Daniela (Clouth), mit Freundin Christine, Christian L. Attersee und Pierre Weiss

1974 Im Atelier meines Nachbarn Friedensreich Hundertwasser, Spiegelgasse

Ein hintergründiges Doppelbildnis. Der junge Mann, der so herausfordernd lässig seine Zigarre raucht, wird durch den distanzierten Blick seiner Partnerin in Frage gestellt. Mona Lisas überlegenes geheimnisvolles Lächeln ist der scheinbaren männlichen Sicherheit überlegen. Die beiden sind übrigens die Schauspielerin Doris Kunstmann und der Bilderbucherzähler Walter Schmögner.
Foto Hubs Flöter

Oben: 1975 Tiefdruckbeilage der FAZ. Eingeladen von Friedensreich Hundertwasser kam ich zu einem Abendessen ins „Käfer" nach München. Hier lernte ich Doris Kunstmann kennen. *Unten:* Diese Geschichte wurde von Roman Schliesser in der Kronen Zeitung veröffentlicht.

Einen höchst erfolgreichen Abstecher nach London absolvierte Walter S c h m ö g n e r, Schöpfer kurios-kauziger Graphiken und von Friedensreich Regentag, alias H u n d e r t w a s s e r, speziell geschätzter Künstler. Der Trip an die Themse war für den Wiener, dessen Graphiken und skurrilen Zeichenkreationen ob ihres hintergründigen, oft schwarzen Humors vornehmlich in britischen und japanischen Magazinen erscheinen, so ergiebig, daß er bereits in Kürze für einen Monat nach London fliegt, um für den „Daily Telegraph" eine spezielle Serie über „King's Road"-Impressionen zu zeichnen.

Leider dürfte Walter Schmögner kurz darauf für Wien vorerst verloren sein. Er übersiedelt – wie so viele Künstler – nach

München. Schmögner: „Manfred B o c k e l m a n n, der Bruder von Udo Jürgens, gibt mir sein Atelier, bis ich ein eigenes gefunden habe." Neben Bockelmann, der gerade ein Hundertwasser-Fotobuch mit prächtigen Aufnahmen publiziert hat, ist Schmögner mit der ständigen Bockelmann-Begleiterin Christiane K r ü g e r, der Tochter von Hardy Krüger, und dem „Trotta"-Star Doris K u n s t m a n n bestens befreundet.

Doris war wohl auch der tiefere Grund, weshalb der Wiener nach London flog. Die Werner-Schaaf-Entdeckung filmt gerade mit Großbritanniens unvergleichlichem Sir Alec G u i n n e s s „The last ten days" – „Die letzten zehn Tage". Doris Kunstmann spielt die Rolle Eva Brauns, Sir Alec mimt Adolf Hitler.

Adabei

„Diese Briten – aber Sir Alec ist ein Gentleman der echten Schule", stöhnt Walter Schmögner, „wir waren mit Sir Alec zum Essen verabredet, aber ich hatte kein Dinnerjacket in London, weil ich auch in Wien keines besitze. Doris meinte gleich, es würde schwierig werden, denn in diesen stinkfeinen britischen Nobelherbergen kommt man ohne Dinnerjacket nicht hinein. Darauf sagte ich gleich: Okay, geh du allein mit Sir Alec speisen."

Der große britische Mime nickte Schmögner nur kurz zu. „Der hielt mich wohl für einen jungen Schauspieler", meinte Schmögner, „sie saßen schon im Taxi, da erzählte ihm Doris, daß ich Maler sei, ein Freund von ihr und ohne Dinnerjacket..."

Worauf Sir Alec das Taxi umkehren ließ, Walter Schmögner einlud und vorher noch in seinem Klub anfragen ließ, ob er einen Gast ohne Dinnerjacket mitbringen dürfe. Er durfte.

90

1975 Verehrerpost aus Leningrad

Mikhail Kuzmin   Leningrad, den 16.09.1975
Sablinskaya 13/15 - 63
197003 Leningrad
UdSSR

                                   Walter Schmögner
                                   1020 Wien
                                   Untere Donaustraße 27
                                   ÖSTERREICH

          Sehr geehrter Herr Schmögner!

          Wahrscheinlich haben Sie den Brief nicht erhalten,
den ich Ihnen vor einigen Monaten geschickt habe. Ich
hatte ihn mit einfacher Post geschickt und fürchte, er
könnte abhanden gekommen sein; deshalb sende ich diesen
Brief per Einschreiben, ich bin überzeugt, Sie werden
ihn bekommen.

          Ich möchte Ihnen schreiben, um meine Bewunderung
für Ihre schöpferische Arbeit auszudrücken; sie ist wahrhaf-
tig ein Gipfel im Reiche des gezeichneten Humors.
Sie haben Ihren eigenen unwiederholbaren, originellen
Stil geschaffen. Sie haben Ihren eigenen Humor,
ein eigenes Verhältnis zur Umwelt. Zur Welt, zu den
Menschen, zu den Dingen, zu den Ideen. Sie haben
vermocht, den Horizont des gezeichneten Humors zu erweitern.

          Mit außergewöhnlich scharfem Blick betrachten Sie
die Welt, den Menschen. Es ist Ihnen gelungen, in Ihren
Zeichnungen viele neue, intelligente, komische, paradoxe
Geschehnisse, Erscheinungen, Phänomene, Zeichen und Symbole
zu fixieren. In Ihren Karikaturen sind Sie Philosoph,

-2-

Psychologe, Soziologe, Schriftsteller, Künstler und
natürlich Humorist in einer Person. Sie sind ein
echtes Talent im Genre des gezeichneten Humors.

          Ich sammle Ihre Arbeiten seit dem Jahre 1972.
Einige Ihrer Karikaturen habe ich in der Zeitschrift
"OPUS INTERNATIONAL" entdeckt. Ich war fasziniert von
der Novität Ihres Stils und Ihres Humors; aufmerksam
geworden, begann ich Ihre Karikaturen in verschiedenen
Zeitschriften zu sammeln. Ich bin stets froh, wenn ich
eine neue Karikatur von Ihnen finden kann.

          Sehr geehrter Herr Schmögner, ich möchte gern
eine umfangreiche Kollektion Ihrer Arbeiten zusammentragen.
Manchmal träume ich von einem großen Magneten, der
Ihre Arbeiten anziehen würde. Könnten Sie mir nicht
behilflich sein? Ich wäre darüber sehr froh.

          Nun will ich ein wenig über mich erzählen. Ich
bin 26 Jahre alt, arbeite in einem Leningrader Institut
und beschäftige mich mit Untersuchungen der Kinderbuch-
illustration, der Karikatur und der Humorzeichnung.

          Erlauben Sie mir, Ihnen, Herr Schmögner, ein
langes glückliches, schöpferisches Leben zu wünschen.
Ich bin mir gewiß, daß Sie noch lange alle Freunde des
gezeichneten Humors und der Karikatur in aller Welt
mit Ihren Zeichnungen erfreuen werden, und unter
ihnen auch einen Ihrer Verehrer in Leningrad.

          Mit den besten Wünschen

          Mikhail Kuzmin

ALBERTINA Walter Schmögner
Werke aus zwölf Jahren

12. November bis 19. Dezember 1976
Montag, Dienstag, Donnerstag 10 – 16 Uhr, Mittwoch 10 – 18 Uhr, Freitag 10 – 14 Uhr, Samstag, Sonntag 10 – 13 Uhr

1976 Plakat zur
Albertina-Ausstellung
Abb.: Mauerhaken, 1973,
Aquarell, 31 x 42 cm

Links unten: Kritik von
Kristian Sotriffer, Die Presse

Am Ziel vorbei
Walter Schmögner in der Wiener Albertina

Gebrauchsgraphiker, Karikaturisten, Designer und Illustratoren, die auf ihrem Gebiet höchst achtenswerte Leistungen vollbringen, haben häufig den fatalen Ehrgeiz nach Höherem. Sie wollen auch „reine" Kunst machen und, wenn möglich, in einem Museum auftreten. Es ist derselbe Hang, der Baumeister zu (mißratenen) Architekten oder Schauspieler zu — vielleicht sogar vielgelesenen, aber was sagt das — Bücherschreibern werden läßt.

Walter Schmögner nun, ein liebenswerter und als Illustrator von Kinderbüchern oder Verfertiger einer eigenen Art von Comics von vielen wohl nicht zu Unrecht geschätzter Zeichner, hat seine Grenzen überschritten. Hätte er's doch nie getan, obwohl verständlich ist, daß er nicht ewig dasselbe machen wollte — aber hat er seine Möglichkeiten wirklich völlig ausgeschöpft? Denn mit denselben Mitteln, die er sich für seine Fabeln und Geschichten aneignete, versuchte er nun sozusagen vom Kabarett zur großen Bühne überzuwechseln (auch das ist vielen nicht gelungen). Er ist am Ziel vorbeigeflogen, ehe er es überhaupt ausnehmen konnte.

Darüber kann keineswegs hinwegtäuschen, was jetzt in der Albertina zu sehen ist, wohin seine Arbeiten einfach nicht gehören, wenn man dort den Ehrgeiz aufrechterhalten will, die besten zeitgenössischen österreichischen Graphiker vorzustellen (im übrigen liegt der Vergleich mit Rudolf Schönwald, den man in diesem Haus neben anderen noch nicht sah, zu nahe...). Da müßte einer schon blind sein, der nicht zu erkennen vermöchte, daß Schmögner seit geraumer Zeit mit der alten Feder und dem alten Malkasten, mit dem alten technischen Aufwand und Vermögen das Neue, das Große versucht hatte, nämlich die „richtige" Kunst zu erreichen oder was immer man dafür halten mag. Aber in seinen diesbezüglichen

Versuchen lebt er eben nur von seinen alten Einfällen, und die reichen bei weitem nicht aus, die Leiter zu erklimmen, die er sich da aufgestellt hat.

Wenn seine Zeichnungen irgendeine Art von Witz aufweisen, so ist es ein bereits abgestandener. Wenn er versucht, es den Kollegen vom „höheren" Fach gleichzutun, wirkt vieles wie ein peinlicher Annäherungsversuch: Ein wenig Concept Art, ein wenig surreale Tendenz, ein wenig Tiefsinn (und fast kein Humor mehr) — aber mit untauglichen Mitteln und letztlich doch auch sehr ideenarm.

Wäre ich ein Zeichner, so zeichnete ich den Schmögner, wie er von der Leiter gefallen ist, die ihn in den Kunsthimmel führen sollte, und zwar in seinem Stil. Er läge unter ihr und dräuenden Wolken wie ein Häuflein Elend, und es wäre eine jener Zeichnungen, mittels deren Schmögner zuvor die Tragikomik menschlicher Verhaltensweisen zu kennzeichnen pflegte. Jeder würde ihm gern wieder aufhelfen, denn es ist ja ein sympathischer Mensch, von dem wir hier reden.

Nun ist es aber so, daß dieser erst 33jährige Mann auch mit seinen neuesten Produkten Erfolg hat, und er wird einfach weghören, wenn ihm einer sagt, daß dieser Erfolg auf Mißverständnissen beruht, daß ihn unter den „Profis" niemand ernst nehmen würde. Ich wünschte ihm aber, dem Walter Schmögner, daß er sich selbst gegenüber kritischer zu verhalten lernte (nur so käme er weiter) und dem Lob (wessen?) mißtraute. Und daß er sich wieder seinem alten Metier zuzuwenden verstünde, ohne zu glauben, sich dabei etwas zu vergeben. Eine andere Möglichkeit für ihn wäre die, die Leiter tatsächlich zu erklimmen. Und dazu verbliebe ihm ja noch viel Zeit. Jetzt hat man ihn zur Unzeit in den Albertina-Tempel vordringen lassen. (Bis 19. Dezember.)

Kristian Sotriffer

KULTURHAUS *Walter Schmögner - Werke aus zwölf Jahren*

15. Februar bis 12. März 1977
Montag bis Samstag von 10-18 Uhr
KUNSTREFERAT DER STADT GRAZ, ELISABETHSTRASSE 30

1977 Plakat zur Folgeausstellung im Kulturhaus Graz, Abb.: Stele für drei
Personen (Ausschnitt), Zink, gelötet, 184 x 33 x 29 cm, Foto: Brian Spence

92

Hermann Hesse
Walter Schmögner
Die Stadt

**Ein Märchen
insel taschenbuch**

1977 Die Stadt, Insel Verlag,
10. Taschenbuch-Auflage 1994
Abb.: N.Y.C, abends, 1982,
M.T. a.P., 50 x 65 cm

Rechts / unten: Doppelseiten aus der
64-seitigen, handsignierten Luxusausgabe.
Die Wolken, die sich durch das gesamte
Buch ziehen, sind ein Daumenkino.

Weitere
Ausgaben:

„La ville"
Edition Gallimard
Paris, 1981

„La Ciudad"
Hermann Blume
Madrid, 1985

Und sie lernten daran, von ihren Lehrern
geführt und unterwiesen, die herrlichen Ge=
setze der Entwicklung und des Fortschritts
begreifen, wie aus dem Rohen das Feine, aus
dem Tier der Mensch, aus dem Wilden der
Gebildete, aus der Not der Überfluß, aus
der Natur die Kultur enstehe.

Die Stadt selbst erlebte zwar Gemetzel und
Greuel jeder Art, blieb aber bestehen und
erholte sich im nüchternen Jahrzehnten wieder
langsam, ohne aber das frühere flotte Le=
ben und Bauen je wieder zu vermögen.
Es war während ihrer üblen Zeit ein
fernes Land jenseits der Meere plötzlich
aufgeblüht, das lieferte Korn und Eisen,
Silber und andere Schätze mit der Fülle eines
unerschöpften Bodens, der noch willig hergibt.
Das neue Land zog die brachen Kräfte,

94

Die schrille Totenstille

1978
Die schrille
Totenstille,
Acryl a.P.,
69 x 102 cm

**Walter Schmögner
Zeit zum Aufbrechen**

*Bilder, Zeichnungen und Objekte
1973-1978*

INSEL VERLAG

1978 2. Kunstband, Zeit zum Aufbrechen,
Insel Verlag, Herausgegeben von Claus Carlé
Abb.: Stilles Wasser, 1977, M.T. a.P., 51 x 69 cm

Rechts: Einführungstext von Friedensreich Hundertwasser, 1977

Der Schmögner ist ein eigenartiger Mensch.
Grüne Augen.
Schön wie ein Star.

Seine Kunst ist auf seinem eigenen Mist gewachsen.
Schmögner ist sein eigener Humus.

Als Witz- und Kinderbuchzeichner geboren
ist Schmögner in die große Kunst gesprungen.
Welch ein gigantisches Unterfangen dies ist,
kann nur der ermessen der versucht,
aus seinem eigenen Stil,
aus seinen eigenen Angewohnheiten auszubrechen.
Meist verblutet man am eisernen Vorhang
der Bequemlichkeiten seiner eigenen Haut.

Schmögner ist ein Einsamer.
Er ist ganz anders.
Er ist ein Kreislaufschließer.
Der Kreislauf vom Humus zum Essen
zur Scheiße funktioniert.
Doch der Kreislauf von der Scheiße
zum Humus ist unterbrochen.

Schmögners verwesende Wolken stürzen uns
atemberaubend entgegen.

Jahrelang beobachte ich Schmögner wie Schmögner
jahrelang den Verfall einer Gurke beobachtet.

Aus der toten Gurke wurde ein Chamäleon.
Eine Insel der verlorenen Wünsche.
Ein Funken-Feuerwerk aus Moos.

Schmögner fand den seltsamen Mechanismus
wie man von der Verwesung in das Leben zurückgelangt.
Auf geheimen Wegen durch verborgene Gänge.

Wissen muß man es.
Können muß man es.
Das ist alles.

Friedensreich Hundertwasser
Wien, am 21. Dezember 1977

Oben: 1977 Auflösung, M.T. a.P., 51 x 69 cm,
aus: Zeit zum Aufbrechen, Insel Verlag

Links: Cover der „Manuskripte", Graz, 1997
Abb.: Vitrine mit mumifiziertem Obst- und Gemüsegarten, 1973 – 1997

97

1980 Teller II, Acryl a.P., 69 x 103 cm

1974 Meine Cousine Marika
Skoumalova aus Bratislavá mit
Freundin von Friedensreich
Hundertwasser in meinem
Atelier in der Spiegelgasse 2
(mit Selbstauslöser)

1977 Ideenskizze zum Objekt Schlüsseltorte. Originalgröße,
dazugehöriges Objekt: siehe rechte Seite

1977 Mit meiner Freundin Sabine im Bad von Hundertwasser,
Spiegelgasse 2. Die nicht sichtbare riesige Badewanne, in der ich
bei diversen Festen mit befreundeten Künstlern gebadet habe.
Foto: Friedensreich Hundertwasser

100

1977 Atelier Spiegelgasse, im Vordergrund Arbeitszustand der Schlüsseltorte

1977/78 Schlüsseltorte,
Kupfer, Messing gelötet, Ø 38 cm,
aus: Zeit zum Aufbrechen,
Insel Verlag, 1978;
Foto: Brian Spence

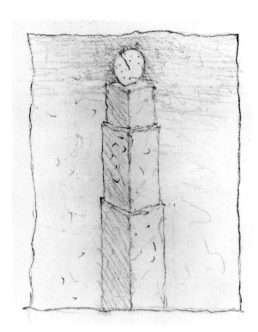

1973 Skizze zur Scheibe, Originalgröße

1975 Scheibe, Messing, vergoldet,
Ø 24 cm, Sockel aus Blei, 10 x 11 x 11 cm,
aus: Zeit zum Aufbrechen, Insel Verlag, 1978

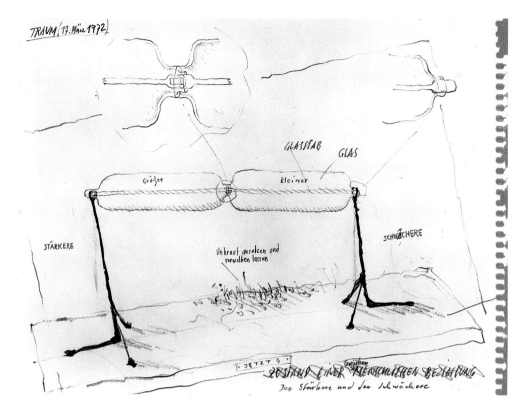

TRAUM (17. März 1972)

GLASSTAB GLAS

Größer kleiner

STÄRKERE

SCHWÄCHERE

Unkraut ansetzen und
verwelken lassen

JETZT G

ZUSTAND EINER MENSCHLICHEN BEZIEHUNG
Der Stärkere und der Schwächere

1972 Skizze zum Objekt „Liebe",
Graphitstift a.P., 21 x 30 cm

Unten: 1978 Objekt „Liebe", Glas, Kupfer,
Erde, Gras, 37 x 70 x 35 cm, aus: Zeit
zum Aufbrechen, Insel Verlag, 1978

1978

1979 Knapp davor, Graphitstift, Acryl a.P., 21 x 30 cm

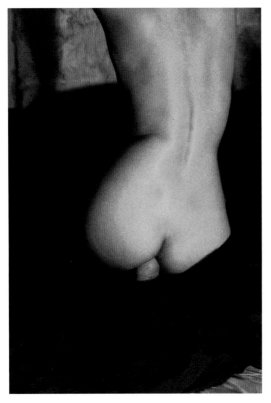

1977 Daniela –
Rückenakt mit Ferse,
Atelier Spiegelgasse 2

1978 Andrea Purkhauser, Joachim Unseld mit Freundin und ich,
Atelier Spiegelgasse 2 (mit Selbstauslöser)

1978 Zu Besuch bei Astrid Lindgren in ihrem Landhaus in Schweden.
Anlässlich meines Filmportraits, Foto: Archiv ORF

1977 Bühnenbild zu Gerhard Roth „Sehnsucht", Schauspielhaus Graz,
Regie: Wolfgang Bauer, Ausstattung: Walter Schmögner

Plakat zum Fernsehfilm „Steckbrief",
Foto: Brian Spence

1979 Lui Dimanche und Barbara Frischmuth beim Ausdruckstanz im „Splendid", Wien, Jasomirgottstraße. Andrea und ich sind verblüfft.

1979 Plakat im Auftrag von Bernhard Paul, Wien

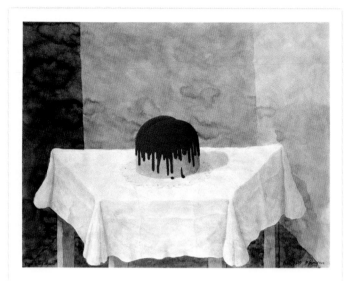

Walter Schmögner

7 juin – 5 juillet 1979

GALERIE PAUL FACCHETTI 6 rue des Saints-Pères
75007 Paris

1979 Plakat zur Pariser Ausstellung,
Abb.: Trois belles choses, 1979, M.T. a.P., 50 x 65 cm

1979 Paris, Quai Voltaire, Beginn des erotischen Zyklus, Abb.: Nr. 1, M.T. a.P., 50 x 70 cm. Unten: Nr. 31, M.T. a.P., 60 x 42 cm

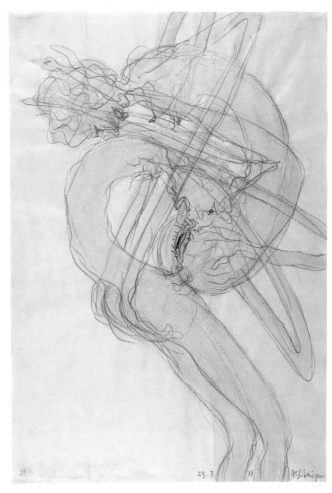

Seite 92, unten links:
1979 Paris, Quai Voltaire,
Besuch von Christian L. Attersee
und Pierre Weiss, Foto und
Zeichung: Andrea Purkhauser

Seite 92, unten rechts: 1979
Paris, Quai Voltaire, inszeniertes
Foto von Andrea Purkhauser

1979 Aus dem Zyklus „Das Mädel v. d. Seite 5, Nr. 7, M.T. a.P. mit Collagen aus der Kronen Zeitung, 42 x 60 cm

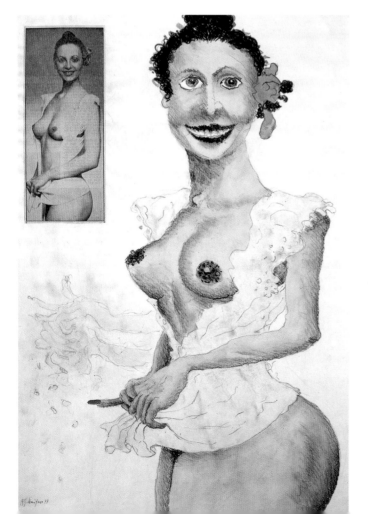

Links: Nr. 9, M.T. a.P., 60 x 42 cm

Unten: 1980 Muse mit Silberpfeife,
Atelier Spiegelgasse 2

1979 Aus dem erotischen Zyklus, Nr. 41, M.T. a.P., 50 x 70 cm

1979 Das Mädel von der Seite 5, Nr. 3, M.T. a.P., 60 x 42 cm

1980 Plakat zur
Zürcher Ausstellung,
Abb.: Kreta, 1978,
M.T. a.P., 51 x 69 cm

Unten: Plakat zur
Hamburger Ausstellung,
Abb.: Baumstamm, 1978,
M.T. a.P., 79 x 103 cm

Walter Schmögner
Der Traum vom Rückenwind
Geschichten und Bilder
Insel Verlag

1980 Der Traum vom Rückenwind, Traum- und Kurzgeschichten
mit Fotografien von Walter Schmögner, Insel Verlag

Unten / rechts: Vier Textauszüge

Ich will

Ich träume: ich liege im Bett und schlafe. Ein Geräusch in der Küche weckt mich. Es ist dunkel, und ich bin allein. Ich weiß, in der Küche auf dem Tisch steht eine Glasschüssel mit Weintrauben. Ich fürchte, jemand will diese Weintrauben stehlen.

Ich sage mir, du musst dich erheben. Du musst ganz leicht werden. Du musst wollen, dass du willst. Ich will schweben. Ich will aus dem Bett schweben. Ich will zum Plafond schweben. Und ich konzentriere mich, dass ich will und will und will... und ich werde immer leichter, erhebe mich langsam, bleibe in der Luft, höre nicht auf mich zu konzentrieren. Ich schwebe, alles wird noch leichter. Ich brauche mich nicht mehr zu konzentrieren. Ich schwebe, ohne mich zu bewegen. Ich werde zum Plafond getragen, ganz langsam. Ich schwebe zur Küche. Ich kreise über dem Küchentisch, auf dem die Weintrauben stehen.

Eine schwarze Gestalt hält entsetzt inne und flieht aus dem Raum.

Der Wolkenkratzer

Ich schaue aus dem Fenster und sehe Wolken ganz nahe vorbeiziehen. Eine Wolke kratzt langsam eine waagrechte Linie ins Fensterglas.

Ich höre noch jetzt den schrillen Ton.

Zugvögel

Wir ziehen gegen Süden. Wir sind von Wien aufgebrochen und fliegen nun seit einiger Zeit über die Steiermark. Die Sonne wird bald untergehen, lange Schatten liegen auf der Landschaft, und das saftige Grün erscheint noch kräftiger.

Hinter den vielen Bergen, die wir noch überfliegen werden, ahne ich schon die heiße Sonne des Südens, und mir wird ganz wohl bei diesem Gefühl.

Ich vermisse Susanne, und ich fürchte, dass sie sich verflogen hat, weil sie mit ihren Gedanken so oft woanders ist. Im Osten finde ich sie und führe sie zurück zum Zug.

Die Seife

Ich wache in meinem kleinen Arbeitszimmer auf. Es befindet sich im siebenten Stockwerk eines Neubaus. Die Geräusche im Haus sagen mir, dass es schon Mittag sein muss. Erotische Gedanken aus dem Traum machen es mir schwer aufzustehen. Ich erlebe noch einmal, wie ich das Mädchen aus dem Traum berühre. Sie liegt in einem zu kleinen Gitterbett, und ich liebkose, streichele sie. Ein Freund schaut uns zu. Die Bilder werden blasser, da ich nun mehr und mehr auf meine Bilder an den Wänden schaue. Ich habe Lust zu frühstücken und stehe auf.

Das Sonnenlicht in der Küche blendet mich. Ich spüre noch Alkohol in mir und bin leicht benommen. Ich stehe vorm Waschbecken und erfrische mein Gesicht mit kaltem Wasser. Ich nehme die Seife und wasche mir die Hände. Sie entgleitet mir, rutscht ins Waschbecken und verschwindet. Ich stelle verwundert fest, dass mein Waschbecken nach einer Seite hin, wie eine Rinne, offen ist. Ich schaue aus dem Fenster und sehe, wie der linke Teil des Waschbeckens in weichen abfallenden Kurven über die Gartenanlage in Richtung Billrothstraße verläuft. Die dahinrasende Seife kann ich gerade noch erkennen, bevor sie in die Billrothstraße einbiegt.

Ich ziehe mich an und fahre mit dem Lift die sieben Stockwerke hinunter. Ich steige ins Auto, fahre die Hardtgasse bis zur Kreuzung Billrothstraße und biege links ab. Bei der Scheringgasse sehe ich in einiger Höhe mein langes weißes Waschbecken in die Billrothstraße münden; endlos zieht es schwebend in Richtung Zentrum dahin.

Beim Kino „Auge Gottes" parke ich das Auto. Hier endet die Rinne meines Waschbeckens auf der Asphaltstraße. Die Seife muss es hier irgendwo in die Gegend geschleudert haben. Ich suche sie, kann sie aber nicht mehr finden.

1980 Wiener Totenzyklus, Das Bett, Tusche laviert, a.P., 46 x 60 cm

1980 Wiener Totenzyklus, Die Kirche, Tusche laviert, a.P., 46 x 60 cm

1980 Wiener Totenzyklus, Die Tafel,
Tusche laviert, a.P., 46 x 60 cm

Der Elan ist nicht plötzlich verflogen. Er ist nur ins Leere gelaufen, im Kreis und ins Leere gelaufen, wie eine Katze, die ihrem Schwanz hinterher jagt. Dabei ist die Dynamik, der Pep der neuen Epoche, ermattet. Zunächst unmerklich, aber mit jedem Jahr ein wenig müder und schließlich schleicht er überhaupt nur mehr vor sich hin. Viel Energie ist verpufft, sie ist ja verschwendet worden, so als sei sie im Überfluss vorhanden und als gäbe es kein Morgen. Illusionen, die sich in Luft auflösen, kosten viel Kraft. Verbrauchte Kraft verlangt Nachschub. Aber langsam setzt sich die Erkenntnis durch, dass es immer schwieriger wird, die Batterien neu aufzuladen. Vielleicht ist es an der Zeit, ein paar Gänge zurück zu schalten. Oder einen neuen Lebensmittelpunkt zu finden. Eine Oase, zu der man von den Streifzügen zurückkehren kann. Es hat doch jeder ein Recht darauf, zu sagen: Hier bin ich zu Hause.

Das Resümee darüber, was alles nicht geklappt hat oder nur ein ganz klein wenig, was in Ansätzen stecken geblieben ist und was sich als Irrweg herausgestellt hat, ist kaum ermutigend. War das nun alles nur viel Lärm um fast gar nichts?

Wenn es plötzlich nicht mehr so stürmisch dahin geht, wenn nicht mehr jeden Morgen eine neue Idee verführerisch lächelt, beginnt man genauer hinzusehen, auf das, was ist. Kein schöner Anblick. Die Strukturen sind morsch und verfault. Die alten Beharrungskräfte haben keineswegs das Feld geräumt und sich aus dem Staub gemacht. Sie haben sich lediglich zurückgezogen, getarnt und wesen unentdeckt vor sich hin. Es ist ein infernalischer Gestank, der da aus dem Unterholz strömt. Ihr Gift ist ansteckend. Sie breiten sich aus. Zu viele glauben plötzlich, dass sie sich nehmen können, was nicht niet- und nagelfest ist. Man kommt aus dem Staunen nicht heraus.

Dann erst die Gespenster der Vergangenheit. Die Untoten eines mörderischen Zeitalters. Plötzlich kriechen sie hervor, verpesten ein ganzes Land, dessen Lebenslügen aufbrechen, wie dies nur die Beulen der braunen Pest vermögen. Jetzt ist das alles wieder präsent, die Verlogenheit, die am Anfang stand, die gewaltige Unverfrorenheit, auf der das ganze Land errichtet worden war. Es hat lange gedauert, bis der Fluch der bösen Tat die Unschuldslämmer eingeholt hat. Aber fortan wird er sie für lange Zeit nicht mehr aus seiner Gewalt entlassen. Das Land ist ihm auf viele Jahre hinaus ausgeliefert. Es muss sehen, wie es damit zurecht kommt und es fällt ihm schwer, sehr schwer.

Es ist keine Zeit für Utopien mehr. Die haben sich emanzipiert und haben die Möglichkeitsform angenommen. Es genügt, das Beste aus dem Vorhandenen machen zu wollen. Es gibt jetzt Nächte, da steht man in seiner Lebensoase, blickt hoch zum sternenübersäten Himmelszelt und ist sehr beruhigt darüber, dass man mit beiden Beinen fest im Hier und Heute und auf sicherem Boden steht.

Joachim Riedl

1980 Atelier Spiegelgasse 2, mit
Freundin Doris, davor das Objekt
„Stele für drei Personen", 1975/76,
Zinkblech gelötet, 185 x 35 x 30 cm

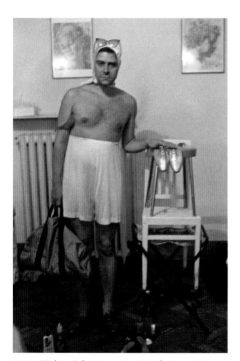

1981 Walter Schmögner im Hotelzimmer in
Verona von Andrea Purkhauser inszeniert

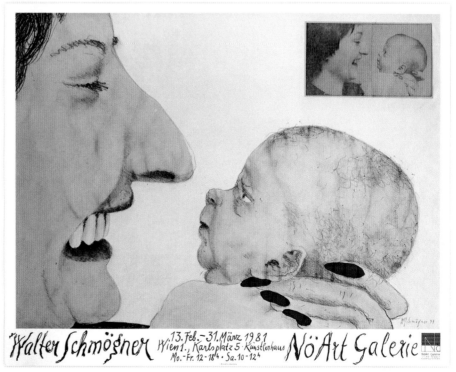

1979 Plakat zur Ausstellung,
Abb.: Mutter mit Kind (erstes Retortenbaby der Welt), M.T. a.P., 42 x 60 cm

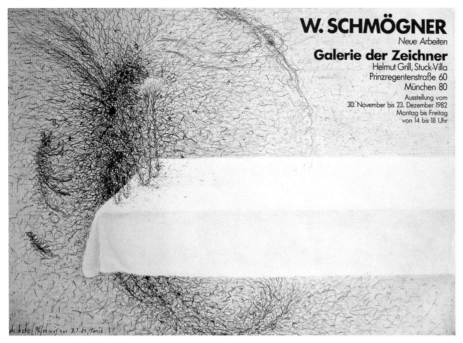

IV · LITERARICUM

Walter Schmögner/Reinhard Priessnitz

Bequem sitzt es sich ausgebrannt,
weit schwieriger als Gratulant.

Heiß wird der Kopf, kalt wird die Asche,
es kommt Bewegung in die Flasche.

Gelegenheit schafft Birnenschnaps,
der Birnler steigt zu Hirne – schwapps!,

schon tummelt eifrig sich Insektes,
Entschwundnes, wieder neu Entdecktes,

verstreute Körner aus der Jugend,
Gemaltes um verlorne Tugend,

verpufft und wundersam Skizziertes
und ab und zu herbei Zitiertes:

die Bauern, Spießer, Trunkenbolde,
Tobias Knopp und Onkel Nolte,

die Reime selbst – nil nisi bene –,
Fips, Jobs, Hans Huckebein, Helene . . . .

die ganze Vielfalt der Ekstase
um Zahn und Kopf und Hals und Nase,

des Bürgerwesens Lust, Leid, Launen,
damals gezeichnet, heut zum Staunen,

das alles führt sogleich zur Rage,
zur Selbstbetrachtung und Hommage.

Den Schnaps trägt weg die Kellnerin,
und übrig bleibt der Hintersinn.

2. Folge PREISER RECORDS PR 3334

1981 Schallplattencover Preiser Records, Aufnahmeleitung: Jürgen E. Schmidt

Rechts: 1979 Cover Transatlantik, Herausgeber: Hans Magnus Enzensberger und Gaston Salvatore, Abb.: Fortschritt II, M.T. a.P., 50 x 65 cm (Ausschnitt)

Unten links: Zeichnung für „Wiener Journal"

Unten rechts: 1982 FAZ Magazin, Titelgeschichte von Siegfried Diehl, Abb.: Trois belle choses, 1979, M.T. a.P. 50 x 65 cm

1990 Die Ernte,
Acryl und Öl a.L., 130 x 180 cm

121

1982 Bruce Meek, Brian Spence und ich,
Spiegelgasse 2 (mit Selbstauslöser)

Links: 1983 Plakat zur Ausstellung,
Abb.: Abendmahl, 1982, M.P. a.P., 50 x 65 cm (Ausschnitt)

Unten: 1983 Max Peintner, Franz Rosei und
Monika im Atelier, Spiegelgasse 2

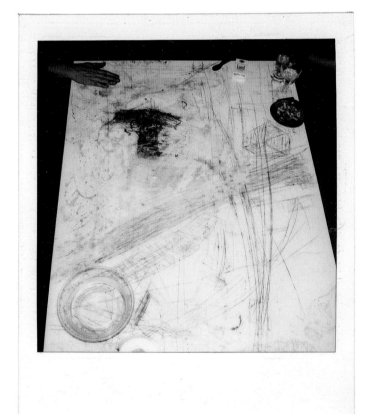

Oben links: 1985 Max Peintner bei der Arbeit (eine Schachtel Pastellkreide verbrauchend)
Oben rechts: Walter Pichler bei der Arbeit
Unten links: Seine Tischzeichnung
Unten rechts: Bruce, Walter, Andrea, Marilli, Werner und Daisy vor dem Werk, Atelier Spiegelgasse 2

1986 Hinter meinem Rücken, Acryl. a.L., 200 x 155 cm

1987 Vor der Nacht, Acryl a.L., 200 x 155 cm

**Wir brauchen Hainburg
damit die Lichter nicht ausgehen**

Walter Schmögner

1984 Demonstration gegen das Donaukraftwerk
Hainburg, Graben, Wien, Foto: Kronen Zeitung

Links: Protestplakat zum Thema Hainburg,
Abb.: „Schlafzimmer" und „Garage",
zwei von sechs Arbeiten aus dem Wiener Winterzyklus
1982/83, Tusche laviert a.P., 40 x 49 cm

1982/83 Wiener Winterzyklus „Klosett",
Tusche laviert a.P., 40 x 49 cm

1984 Frühling im Innenhof des „Sucher-Hauses" (später: Schmögner-Haus) in Neumarkt a.d. Raab im Südburgenland

1984 „Jungfrauenzimmer" (nur über das Elternschlafzimmer erreichbar!) vor dem Umbau zum Schlafzimmer, Neumarkt a. d. Raab

Im Winter 1983/84 habe ich diesen Vierkanter erworben.

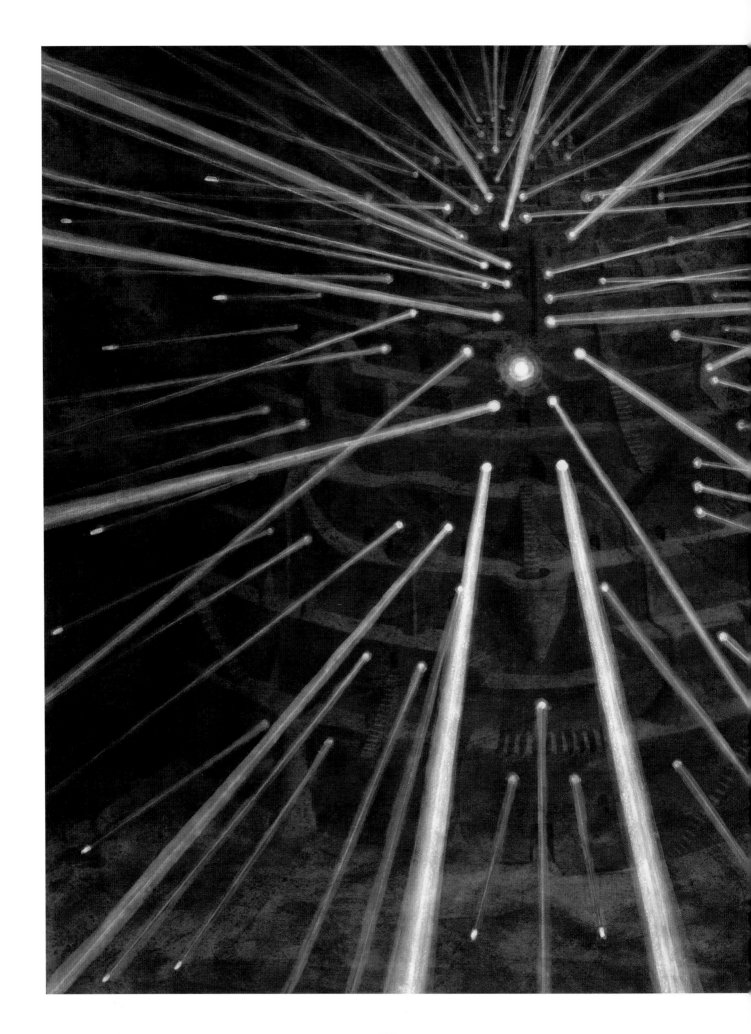

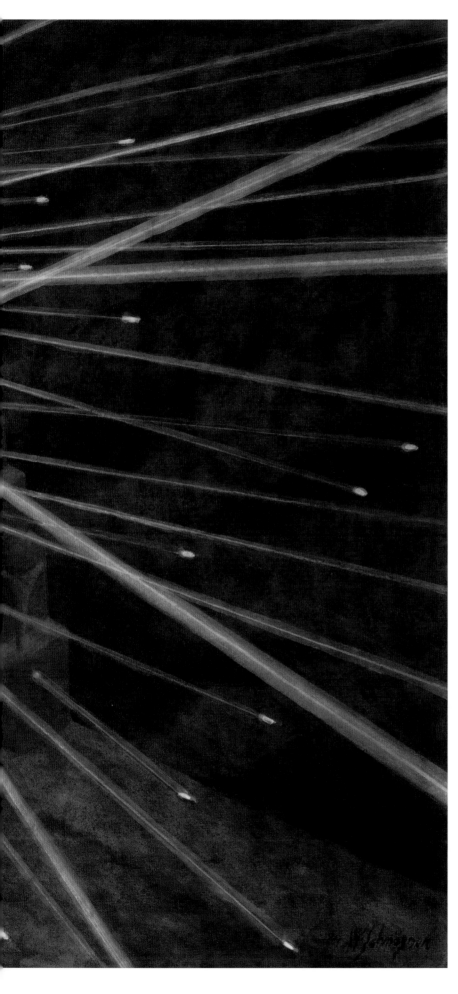

1984 Objekt Raum 3, Acryl a.P., 50 x 60 cm

1984 Eine meiner ersten Arbeiten in Neumarkt, Abb.: Sommerzyklus Nr. 6/8, M.T. a.P., 50 x 65 cm

1984 Dieser Platz im Schmögner-Haus weckte in mir mexikanische
Inspirationen – deshalb habe ich ihn „Mexicoplatz" getauft

Wohnhaus nach Renovierung

1983/84 Wiener Winterzyklus, eine von sechs Arbeiten a.P., Tusche, laviert, 78 x 91 cm, Abb.: „Labyrinth"

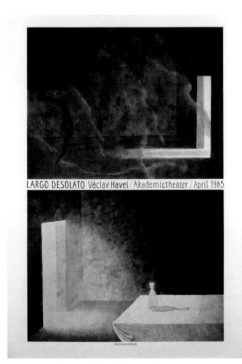

Theaterplakate. Links: Akademietheater, Direktion: Achim Benning. Rechts: Nationaltheater Mannheim, Direktion: Jürgen Bosse

1994 Lichtwächter, M.T. a.P., 42 x 60 cm (Ausschnitt)

1987 Herzdame, Acryl. a.L., 200 x 155 cm

1986 Sommer-Atelier am „Mexicoplatz", Abb.: Frau, 1986, Acryl a.L., 200 x 155 cm (Arbeitsprozess)

1985 Erstes Atelier im Schmögner-Haus, Neumarkt a. d. Raab

1985 Ein Teil von mir, Acryl a.L., 200 x 155 cm (Arbeitsprozess)

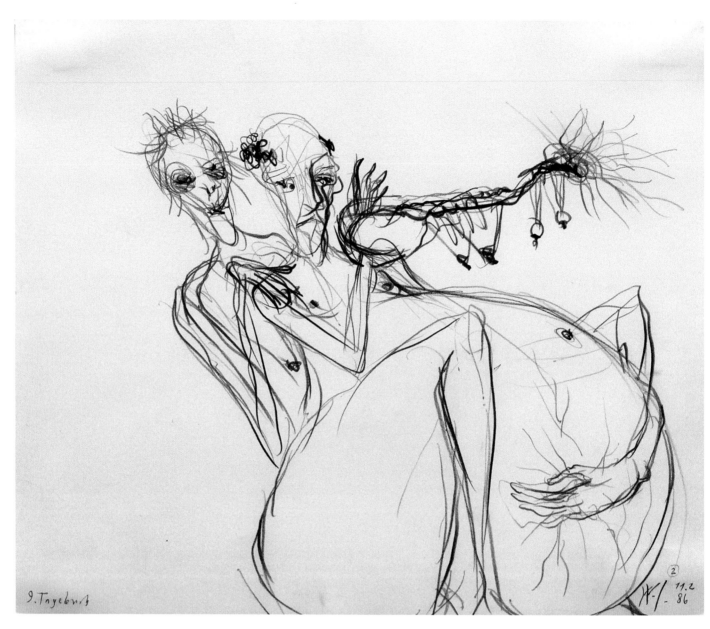

9.Tageburt

11.2
86

9.Tageburt

20.2.86

1986 Goya-Zyklus, 9. Tagebuch,
Nr. 2, Nr. 5, Nr. 10 und Nr. 20,
Graphitstift a.P., 21 x 27 cm

137

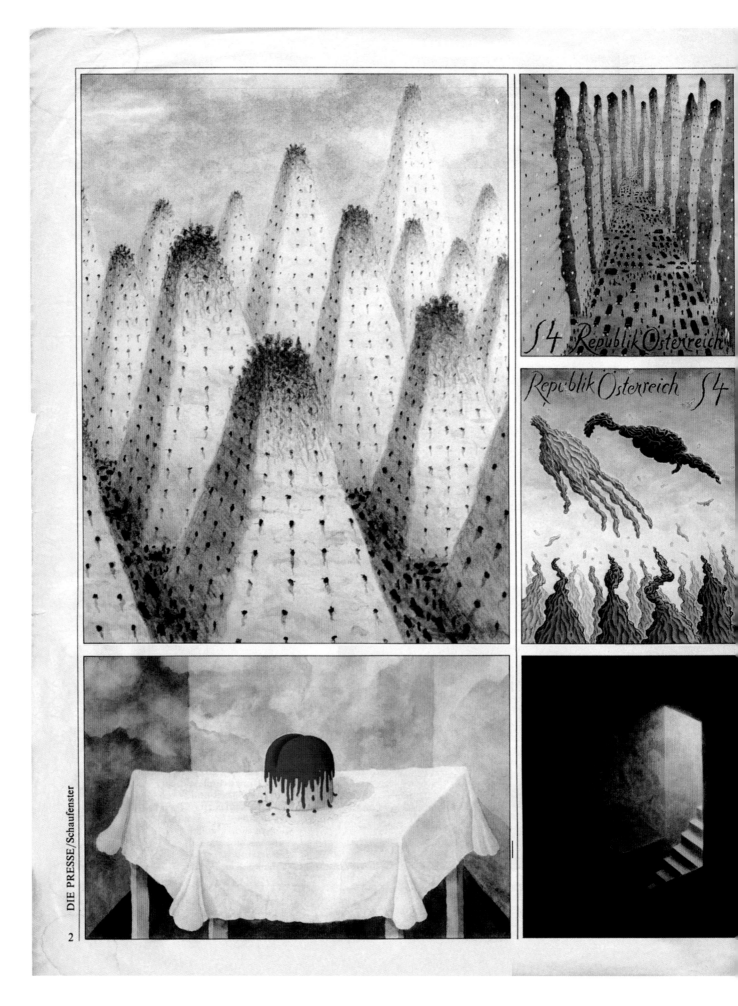

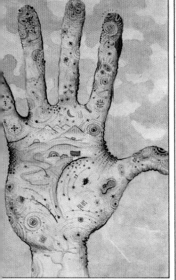

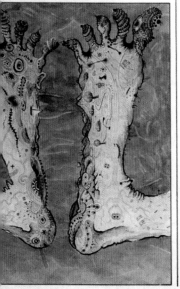

Republik Österreich S.4

Mehrere Entwürfe und die endgültige Marke: „Auflösung" (Tusche, laviert)

Faule Birne steht für Österreich

Da werden sich ein paar Hof- und andere Räte in der hochwohllöblichen Post- und Telegraphenverwaltung aber die Haare raufen: Wenn am 17. Oktober im Rahmen der seit vielen Jahren laufenden Sonderbriefmarkenserie „Moderne Kunst in Österreich" die heuer von Walter Schmögner entworfene „Birne" erscheint, ist diese die eine auf Briefmarkenformat gebrachte, aber dafür in vielhunderttausendfacher Auflage geäußerte Kritik an den herrschenden „Zuständen".

Schmögner hat seinem philatelistischen Erstling (und wahrscheinlich „Einzling") einen doppelten Sinn unterlegt. „Von der optischen Betrachtung her", sagt er, „ist es natürlich eine Auseinandersetzung mit der Todes- und Verfallsthematik, die für mich immer schon sehr reizvoll gewesen ist. Die faule Birne, hat für mich

aber auch einen realen politischen Hintergrund. Sie symbolisiert die Fäulnis und die Verrottung des österreichischen Staatswesens."

Der 43jährige Künstler – geborener Wiener, seit drei Jahren aber begeisterter Wahlburgenländer – hat mit Bleistift und Feder als spitzer, oft skurriler Karikaturist begonnen, sich aber anfang der siebziger Jahre von der Karikatur abgewendet, um nun als freischaffender Maler sich nahezu ausschließlich „mit Öl auf Leinwand" („Das eröffnet ganz faszinierende Möglichkeiten") zu beschäftigen.

Als im Vorjahr die Post, die sich bisher unter anderem schon Hutter, Fuchs, Korab und Hundertwasser als Briefmarkengestalter geholt hatte, an Schmögner herantrat, stellte sie ihm das Thema seiner Entwürfe frei: „Es muß nur etwas für Ihren Stil Charakteristisches sein." Und Walter Schmögner, ein Hobby-Insektenforscher, der daheim vor die eigene Vitrine hat, um darin gelegentlich schon ein wenig angefault gekauftes Obst beim weiteren Verrottungs-und Vertrock-

nungsprozeß zu beobachten – „Da entstehen phantastische Farben, aber im Endeffekt wird alles braun" – geizte nicht mit den für ihn typischen Vorschlägen: Hände und Füße – alle „leicht angestochen", ein Stilleben aus einer Glykol-Giftmischerei, Gürteltiere, die über eine morbide Alpenlandschaft entfleuchen, eine winterliche Kellerstiege, in New York eingeholte Impressionen von ins Unermeßliche wachsenden Wohnsilos, die es ja mittlerweile auch in Wien gibt . . .

„Dem Friedensreich Hundertwasser ist es zu verdanken, daß den die Briefmarken gestaltenden Künstlern völlige Freiheit gewährt wird", sagt Walter Schmögner. „So konnte ich auch auf meine Weise ausdrücken, daß manches faul ist am Staate Österreich." Gewiß nicht faul ist die Technik, schließlich ist Österreich für die Qualität seiner Briefmarken weltbekannt und in Wolfgang Seidel hat Schmögner einen kongenialen Stecher gefunden. Die „Birne" ist also in mehrfacher Hinsicht ein beachtenswertes Kleinod. *Peter Zehrer*

DIE PRESSE/Schaufenster

3

1986 Doppelseite im Schaufenster, DIE PRESSE

W. SCHMÖGNER   1986   W. SEIDEL

1986 Briefmarke, Auflage 3,5 Millionen Exemplare, gestochen von
W. Seidel, Reaktionen in DIE PRESSE, Wien und in der FAZ, Hamburg

Die Presse
Unabhängige Tageszeitung für Österreich

Samstag/Sonntag, 8./9. November 1986

Briefmarke mit fauler Birne: Verhöhnung auf Staatskosten

Im „Schaufenster" der „Presse" war in der Bildbeilage unter anderem die Briefmarke mit der faulen Birne von Schmögner zu sehen. (17. Oktober).

Herr Schmögner bildet auf einer 4-S-Marke Österreich als faule Birne ab – eine Österreich-Beschimpfung auf Staatskosten. Der Druck dieses Drecks wird wahrscheinlich als „Freiheit der Kunst" aufgefaßt. Wer ist dafür verantwortlich?

Helmut Kuhn
Wien, XVIII.

*

Ich lese mit ungläubigem Staunen, daß eine Briefmarke mit einer faulen Birne als Bild erscheinen wird, von dem der Künstler selbst sagt: „. . . Die faule Birne hat für mich einen realpolitischen Hintergrund. Sie symbolisiert die Fäulnis und die Verrottung des Staatswesens." Und das auf einer Briefmarke, die in die ganze Welt hinaus geht. Hier ist etwas passiert, wo man nur sagen kann, daß einem die Spucke wegbleibt.

Daß Staatsbeamte, und das sind doch die für die Genehmigung und das Erscheinen von Briefmarken Zuständigen und Verantwortlichen, sich und den Staat, dem sie dienen, in dieser Weise offiziell vor der ganzen Welt beschimpfen und heruntersetzen, ist wohl einmalig. Briefmarken sind eine Art Hoheitszeichen wie Staatswappen, Fahnen, Banknoten; ungeeignet für jede Art von Kritik am Staat, am allerwenigsten von Beamten dieses Staates, die durch Eid verpflichtet sind, ein ramponiertes Renomée ihres Staates wieder auf Glanz zu bringen. Damit wird nichts erreicht außer weiterer Destruktion und Korruption. Die Freiheit hat Grenzen dort, wo sie für den Staat selbstmörderisch wird.

Bei aller Anerkennung eines oft seltsamen Kunstverständnisses der Beurteilenden, worüber man eben verschiedener Ansicht sein kann: Über die exhibitionistische Selbstverhöhnung durch Staatsbeamte kann man nicht diskutieren. Wenn diese sich nicht mehr ernst nehmen, hört bald alles auf.

Prof. Hans Ranzoni
Wien, IV.

DIE PRESSE   Montag, 17. November 1986

Der Staat Österreich als faulende Birne im Kleinformat
Wie ein Künstler mit bitterem Humor der Post übel mitspielt

Eigenbericht der „Presse" von
THOMAS HOS

WIEN. Es ist was faul im Staate Österreich – zumindest das Motiv einer in einer Auflage von 3,35 Millionen Stück auf den Markt gebrachten neuen Vier-Schilling-Briefmarke.

Der Wiener Graphiker Walter Schmögner interpretiert sein Werk, das eine verfaulende Birne darstellt, als Ausdruck der Verrottung des österreichischen Staatswesens. So mancher Bürger hat des Graphikers Absicht bemerkt und reagiert empört. Die Post, die sich mit der seit Jahren laufenden Sonderbriefmarkenserie „Moderne Kunst in Österreich" gern als Förderer der freien Kunst sieht, fühlt sich jetzt „gelegt" und ist „konsterniert".

Die Reaktionen auf das gezähnte Kleinkunstwerk Schmögners waren deutlich: Von Österreich-Beschimpfung auf Staatskosten, exhibitionistischer Selbstverhöhnung durch Staatsbeamte sowie weiterer Destruktion und Korruption war die Rede.

Die Reaktionen auf die „faule Birne" sind für Walter Schmögner Wasser auf seine Mühlen. „Es war durchaus so gemeint, der Staat ist marod", bekräftigt er im Gespräch mit der „Presse" seine Aussagen. „Natürlich habe ich das der Post nicht im Vorhinein auf die Nase gebunden. Es war geplant, Aufregung und Diskussionen auszulösen. Es gilt, ein Thema nicht zu tabuisieren. Ich wollte die Menschen zum Denken anregen, das ist gelungen." Schmögner „feiert" die Erst- und Einmaligkeit des Sieges der freien Kunst und hofft auf mehr Reaktionen.

Seitens der Post- und Telegraphenverwaltung werden alle bösen Absichten zurückgewiesen. Zwei Jahre hätten die Vorbereitungsarbeiten für die umstrittene Marke gedauert, erzählt Pressesprecher Herbert Stadlbauer. „In diesem Zeitraum wurde in den unzähligen Fachgesprächen das vorgelegte Werk nie mit unserem Staat in Zusammenhang gebracht oder auch nur angedeutet, daß es den Zustand unseres Staates veranschaulichen soll", heißt es. Das „Mißverständnis" wird bedauert,

und der Postfuchs geht zum Angriff über: Auf Grund einer von Christian Palmers, eines Freundes Schmögers, verfaßten Abhandlung könne von einer Österreich-Beschimpfung oder Kritik doch keineswegs die Rede sein.

Um Liebe und Tod drehe sich die Interpretation, um den durch

Photo: Post
DIE INKRIMINIERTE MARKE

die Verwesung einer Birne ja unversehrt bleibenden Kern. „Die ökologische Betrachtungsweise läßt den Tod nicht als endgültigen Abschluß zu", schreibt Palmers . . .

„Seine jetzigen Aussagen hat Schmögner ganz allein zu vertreten, und nicht die Post", heißt es dort. Offenbar stünden kommerzielle Überlegungen dahinter, mutmaßt man. Zudem seien Künstler eben ein eigener Menschenschlag – sensibel, immer bereit, zu provozieren und sich in Szene zu setzen. „Schade nur um das ernste und wichtige Anliegen der modernen Kunst."

Schmögner – er bekam übrigens für die „faule Birne" im Namen der freien Kunst kein Honorar – beteuert, mit seinem Anliegen sei es ihm ernst. Das beweise seine langjährige Beschäftigung mit dem Thema „Tod und Fäulnis". „Ich habe seit 18 Jahren zu Hause Vitrinen voll Obst und Gemüse in allen Stadien der Verfaulung und studiere den ablaufenden Prozeß", erzählt Schmögner. „Die Birne war immer schon mein Lieblingsthema."

Ein besonders schönes „Kuckucksei" hat der Wiener Maler Walter Schmögner seinem Vaterland ins Nest gelegt. Gern und

grausam folgte er der ehrenvollen Einladung der Post, für die Sonderserie „Moderne Kunst in Österreich" eine Briefmarke zu entwerfen. Er lieferte – Tusche, laviert – die Maluse „Auflösung", eine durch und durch faule Birne, an der sich nur noch ein paar grüne Würmer gütlich tun. Das verrottete Obst stehe für Österreich, erklärt freundlich der Künstler, der nur bedauert, daß sein Motiv der Birne für Deutschland „natürlich noch interessanter" wäre. Aber er tröstet sich sofort: „In Deutschland wäre das ja gar nicht möglich gewesen." Die in der Alpenrepublik schon sprichwörtlich gepflegte Schlamperei – hier: ein kunstdurchlässiger Hofrat von der Post – habe eben auch ihr Gutes. Freilich, die Freude über den gelungenen Streich hält sich in Grenzen: Die zusammengesackte, tiefbraune Symbolfrucht hat einen Wert von vier Schilling, sie reicht gerade für eine Inlandspostkarte. Das Kuckucksei, wiewohl vielhunderttausendfach aufgelegt, sorgt nur für eine kontrollierte Nestbeschmutzung.

sd

1985 Schwere Frucht, M.T. a.P., 35 x 50 cm. Aus dem Katalog zur Ausstellung in der Galerie Würthle, Wien

Animiert von der „Schweren
Frucht" ein Geschenk zur Vernissage
von Udo Proksch, Demel, Wien,
Stammtisch im Lokal Oswald & Kalb
mit meinem Sohn Thomas

WALTER SCHMÖGNER

1986 Andrea Purkhauser auf dem Dach
über dem ersten Atelier, Neumarkt a. d. Raab

1986 Plakat zur Ausstellung, Abb.: Marsgras, Acryl a.L., 100 x 70 cm

1988 Zustand der Tenne vor dem
Umbau zum neuen Atelier

1986 Foto zu einem Artikel in der Arbeiter Zeitung,
Text und Foto: Georg Hoffmann-Ostenhof

1988 Neues Atelier (Tenne) vor dem Umbau, Neumarkt a. d. Raab

1988 Zwei
unfertige Bilder im
unfertigen Atelier

1991 Mir träumte, das Sofa lief auf und davon, Acryl a.L., 200 x 150 cm

1991 Hinter dir ist dir jemand ähnlich, Acryl a.L., 104 x 75 cm

Entführung

Premiere 20. März 1987 · 20 Uhr
PREIS DES PROGRAMMHEFTES S 13,–

Kein Lebenszeichen ● **Herzsalbe** ● **hilft!**

DIE SCHÖPFERISCHE HAND DER NACHTAUSGABE

Nachtausgabe

An den Druckkosten für das von Walter Schmögner gestaltete Plakat zur ,Nachtausgabe' haben sich Traudl u. Baurat Dipl.-Ing. Hugo **Durst** beteiligt. — Wir danken!

Die ganze Wahrheit

Also doch: „Es gibt Ufos!"

Lolita lockt mit Locken
★ Mit den fröhlichen Strubbelköpfen der letzten Jahre ist's jetzt erstmal vorbei.

Den Kühen ihres Vaters verdankt Margot Mitchell ihre Karriere: Da die Bauerntochter aus England zum Melken immer früh aufstehen mußte, war sie bei Probeaufnahmen um acht Uhr früh weit frischer als alle Mitbewerberinnen. Der müde Fotograf war beeindruckt und Margot engagiert . . .

Goldregen ⑧⑳ ⑮ ⑱ ⑦④
Regeln Seite 3
19. Spiel ㉚ ④ ⑦③ ㊾ ㊻ ⑨⓪ ⑯

♥♥♥♥♥♥♥♥♥♥♥♥♥♥♥♥

♠ **Komiker traurig: 10 000 Witze „verbrannt"** ♠

STAATSOPER IM KÜNSTLERHAUS
NACHTAUSGABE

Komische Oper in 5 Bildern · Musik von Peter Ronnefeld · Neufassung von Richard Bletschacher
Musikalische Leitung: Ernst Märzendorfer · Inszenierung: Wolfgang Weber · Ausstattung: Walter Schmögner

Emma Bachofen, Zimmervermieterin .... Peter Köves
Anna Pachulke, ihre Freundin .... Gunilla Wallién/Louise Carmens
Renée Pachulke, deren Tochter .... Jung Min Lee/Mariko Yoda
Lothar Witzlaff, Student und Dichter .... Claudio Otelli
Mario Caraccini, Student und Maler .... Ramon Vagas
Ping Schma Fu, Student und Photograph .... Kenichi Morioka/Guido Pikal
Dr. Erich Stielicke, Chefredakteur der „Nachtausgabe" . Anton Wendler
Karin Mikoleit, seine Sekretärin .... Tammy Hensrud
Sternhagel, Wachtmeister .... Heinz Holecek
Stramm, ein Kommissar .... Alfred Sramek
Vier Zeitungsausrufer .... Ludmilla Zelenka/Gunilla Wallién
                                                 Yasmina Simonida/Mariko Yoda
                                                 Rannveig Braga
                                                 Guido Pikal/Kenichi Morioka

Ort und Zeit der Handlung: Eine deutsche Großstadt um 1955
Bühnenorchester der Bundestheater.

Reinhold Rung, Gerhard Breyer (Violine); Stanley Hale (Viola); Akemi Andraschek (Violoncello); Klaus Eisenberger (Kontrabaß); Gerhard Perz (Flöte); Erich Kitir (Oboe); Gerald Grünbacher (Klarinette); Josef Grabner (Fagott); Robert Lorenzi (Horn); Michael Tomböck, Michael Leisch (Trompete); Franz Geroldinger (Posaune); Hansgeorg Spreitzhofer (Pauke); Werner Seidl, Thomas Henkes (Schlagwerk); Margarita Vaiciulenas (Klavier)

Musikalische Studienleitung: Margarita Vaiciulenas · Inspizienz: Karin Voykowitsch
Technische Leitung: Hans Langer · Beleuchtung: Robert Stangl/Peter Petschnig · Maske: Willi Riede
Leitung der Dekorationswerkstätten: Pantelis Dessyllas · Leitung der Kostümwerkstätten: Alice Maria Schlesinger
Dekorations- und Kostümherstellung: Werkstätten der Österreichischen Bundestheater

Premiere: Freitag, 20. März

Folgevorstellungen: 21., 24., 25., 27., 30., 31. März
sowie 1., 3. und 4. April

Beginn 20.00 Uhr, Ende etwa 21.30 Uhr
Verlag: Universal Edition Wien
Preis des Programmes: S 13,–

Haben Sie schon ein Kondom?
Fledermäuse abgestürzt
35 Fledermäuse sind vor der Münchener Heiliggeistkirche mit steifen Flügeln abgestürzt. Alle zum Tierarzt.

Größte Schneeflocke der Welt !

So sieht er aus:
Richard Bletschacher, Doktor, Autor, 1936 geboren, hat das Libretto der „Nachtausgabe" neu verfaßt, auch andere Libretti geschrieben, kam 1959 als Regisseur in die Wiener Staatsoper, ist hier ab 1982 Chefdramaturg.

Dornröschen erhängte sich
Schröcklich
● **Schön, blönd, töt**

Verschüttetes Theater entdeckt!	**Sensation! Alle Skelette sitzen noch.**	**Wahrscheinlich aus der Kaiserzeit.**	**Verhaftet: Der Maler, der mit Kokain malte**	**Ku-Klux-Klan schlägt jetzt wieder zu**	

Seite 130: 1987 Programmheft
zur Oper Nachtausgabe, Staatsoper
im Künstlerhaus, Wien

Seite 131: 1987 Drei Szenen aus
der Oper von Peter Ronnefeld,
Ausstattung: Walter Schmögner

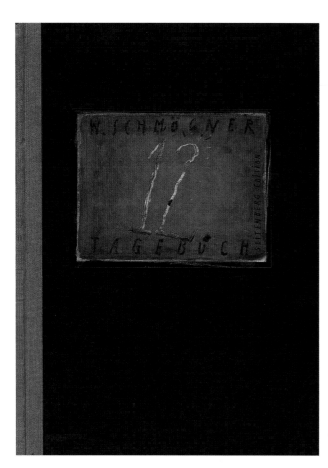

1988 Ich beim Durchblättern der im Faksimile-Druck
entstandenen Tagebuchaufzeichnungen aus dem 12. Tagebuch,
Edition Seitenberg im Auftrag von Stefan Sares

Links: Cover des 12. Tagebuches

Unten: Zeichnung Nr. 67 und Nr. 47, Graphitstift a.P., 30 x 21cm

1988 12. Tagebuch, Nr. 66, Graphitstift a.P., 30 x 21cm

2007 Rabennest, Acryl a.L., 100 x 70 cm

Links: 1988
12. Tagebuch, Nr. 28

Rechts: 1988
12. Tagebuch, Nr. 4

Beide Graphitstift a.P.,
30 x 21cm

1988 Gestelltes Foto
für einen Burgenland-Kalender
am „Mexicoplatz".
Foto: Günter Unger

1989 Ludwig Fels, Atelier Spiegelgasse 2,
im Hintergrund: Kokoon, Acryl a.L., 200 x 150 cm

Wolfgang Bauer, Mariusz
Demner, Cathrin Pichler, ich mit
Andrea, Ausstellungseröffnung:
Herbert Achternbusch,
Akademie am Schillerplatz.
Foto: Wolfdietrich Ziesel

1989 Judith und Thomas Batthyany in meiner Küche,
Neumarkt a. d. Raab, Foto: Andrea Purkhauser

1990 Einladung zur Ausstellung im Schloss Tabor, Abb.: 12. Tagebuch, Nr. 2

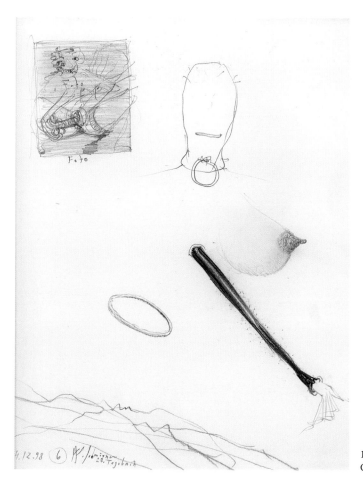

1989 23. Tagebuch, Nr. 6,
Graphitstift a.P., 29 x 23 cm

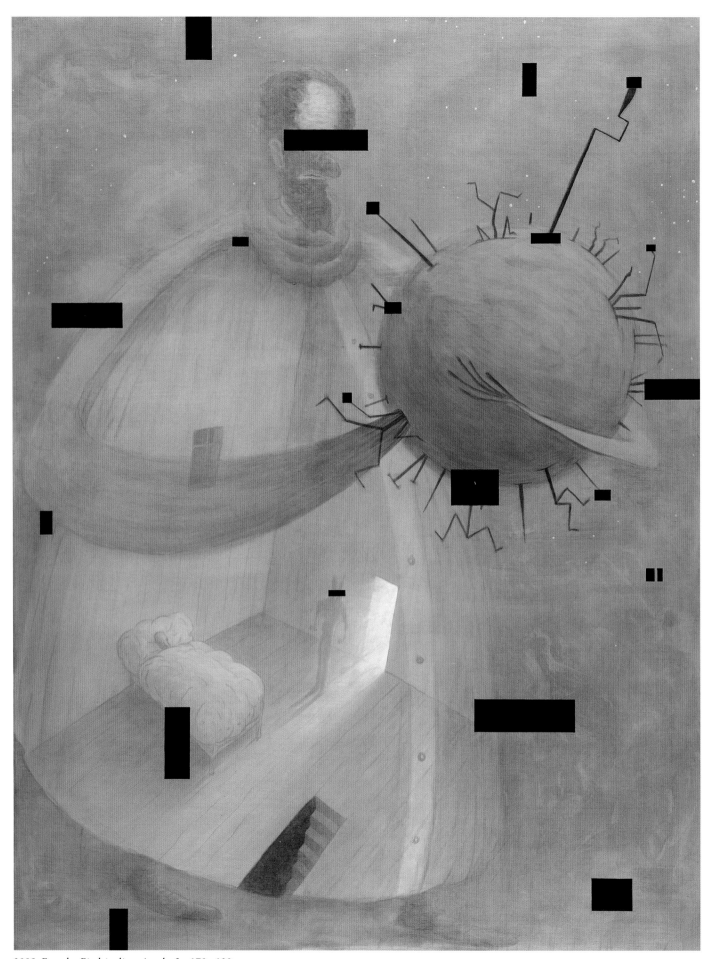

2005 Fremder Eindringling, Acryl a.L., 170 x 130 cm

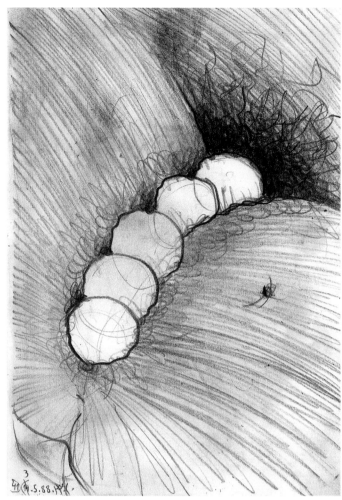

1988 12. Tagebuch, Nr. 41, Graphitstift a.P., 30 x 21 cm

1990 Fünf Kugeln, Acryl a.L., 50 x 40 cm

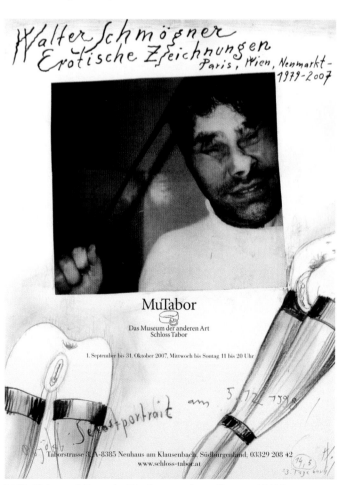

2007 Plakat und Cover des Kataloges zur Ausstellung im MuTabor,
Foto: Andrea Purkauser

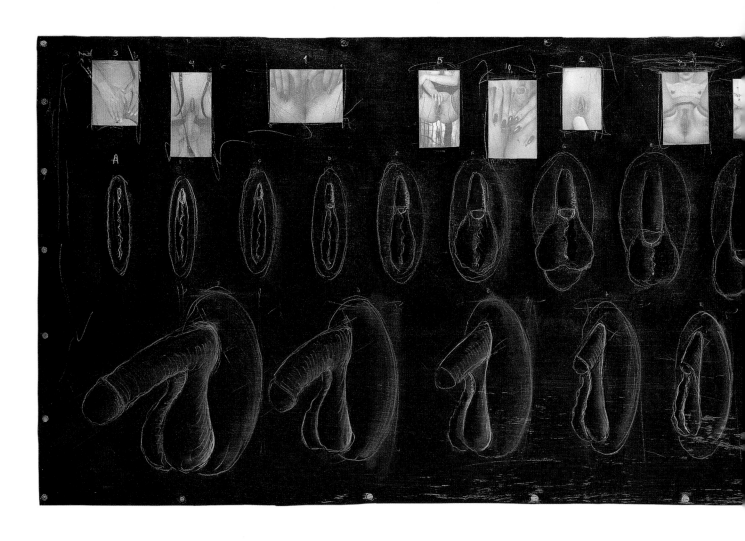

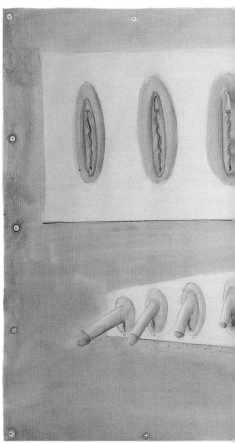

2000 Lehrtafel 1: Klitoris,
M.T. a.P., 67 x 143 cm,
aus dem Katalog zur Ausstellung
im MuTabor, 2007

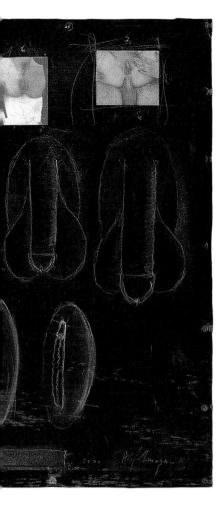

2000 Lehrtafel 2: Klitoris,
M.T. a.P., 63 x 150 cm,
aus dem Katalog zur Ausstellung
im MuTabor, 2007

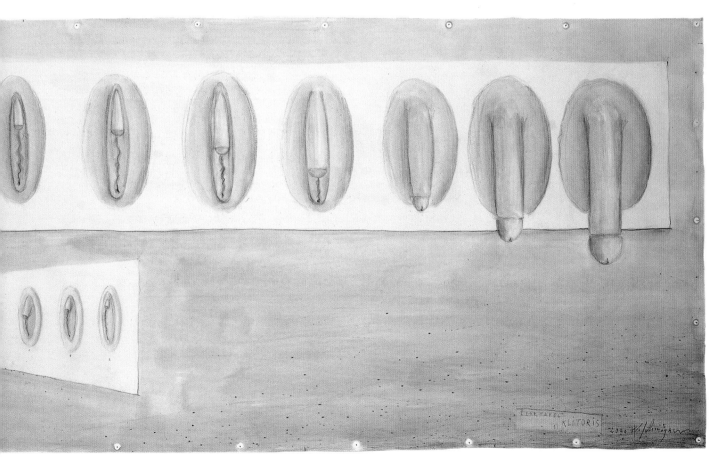

1987 Therese Hurch, Joachim Riedl mit mir im
Schmögner-Haus, Neumarkt, Foto: Andrea Purkhauser

1987 Andreas Dusl, Andrea, Ignaz Kirchner und Wolfgang Hübsch, Spiegelgasse 2

1988 Franz Rosei, Max Peintner und ich,
Spiegelgasse 2 (mit Selbstauslöser)

1989 16. Tagebuch Nr. 42 „Max",
Graphitstift a.P., 30 x 21 cm

1988 16. Tagebuch Nr. 4 (alle Graphitstift a.P., 30 x 21 cm)

1989 Gernot Wolfgruber, Ludwig Fels und ich
(mit Selbstauslöser), Spiegelgasse 2

1988 16. Tagebuch Nr. 86

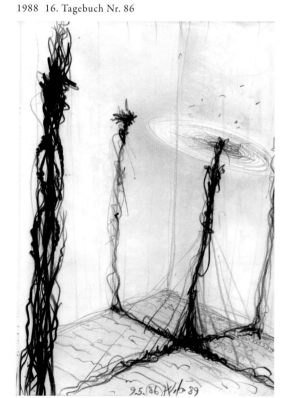

1988
16. Tagebuch
Nr. 47

1994 Himmel über Madrid, Acryl a.L., 180 x 130 cm

BÜRGERINFORMATION FÜR NEUMARKT a.d. RAAB

An einen Haushalt
Februar 1990

Postgebühr bar bezahlt

Liebe Mitbürgerinnen, liebe Mitbürger !

Seit 1968 haben viele berühmte Künstler Neumarkt an der Raab
besucht. Dies ist Dr. Alfred Schmeller und Prof. Feri Zotter zu
danken. Aber vor allem diesem Ort mit seiner malerischen Umgebung.
Etwas Besonderes bietet Neumarkt auch, weil es hier kaum Zäune
gibt, die Vorgärten beblumt sind und die Wiesen bis zur Straße
reichen.

Jetzt soll aber auch unser Ort, wie in Doiber und St.Martin einen
Gehsteig bekommen. Einen Gehsteig,den niemand wirklich braucht,der
viel Geld kostet und Neumarkt kaum mehr von anderen Orten unter=
scheiden wird. Kilometerlange Gehsteige in einer Streusiedlung
zu bauen ist nicht sinnvoll. Das Individuelle des Ortes ist dann
endgültig dahin.

Aber gerade das Individuelle unseres Ortes macht aus ihm etwas
Besonderes. Musiker, Dichter und Maler haben sich hier wohl
gefühlt und sind zu künstlerischem Schaffen animiert worden. Sie
haben diesen Ort mehr als bekannt gemacht.

Wenn aber unser Ort entstellt wird, sehe ich kaum Chancen für den
Neumarkter Kulturverein. Schade, denn gerade jetzt will der
Kulturverein sich erneuern und interessante Aktivitäten setzen.

Den verantwortlichen Polikern ist das sicher egal. Sie wollen
"Taten" setzen, um sich gegenseitig stolz auf die Schulter klopfen
zu können.

Durch den Bau der neuen Straße wird dies aber passieren: Die
Straße gehört dann nur mehr den Rasern und sie werden eingeladen
noch schneller zu fahren.

Die gesündeste, die schönste und die billigste Lösung für
Neumarkt wäre, langsamer durch den Ort zu fahren.

Mit freundlichen Grüßen

Walter Schmögner

1990 Postwurfsendung zum Thema Straßenausbau
in Neumarkt a. d. Raab

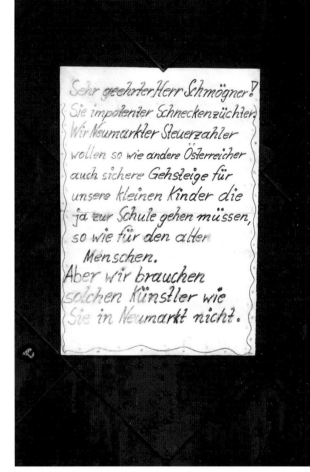

Sehr geehrter Herr Schmögner!
Sie impotenter Schneckenzüchter.
Wir Neumarkler Steuerzahler
wollen so wie andere Österreicher
auch sichere Gehsteige für
unsere kleinen Kinder die
ja zur Schule gehen müssen,
so wie für den alten
Menschen.
Aber wir brauchen
solchen Künstler wie
Sie in Neumarkt nicht.

1990 Pamphlet von anonymen Neumarktern
an mein Tor geschlagen

1988 Schneckengewinde
und Zwetschkenblau,
Acryl a.L., 100 x 70 cm

WALTER SCHMÖGNER

MAGISCHE RÄUME

SCHIRN KUNSTHALLE FRANKFURT
15. März bis 5. Mai 1991

Di. bis Fr. 10-21 Uhr   Sa. und So. 10-19 Uhr
Montags geschlossen
Karfreitag und Ostermontag geschlossen

1992 20. Tagebuch Nr. 59, Graphitstift a.P., 30 x 21 cm

Links: 1991 Plakat zur Ausstellung
in der Schirn Kunsthalle, Frankfurt,
Abb.: O.T., 1985, Acryl a.P., 70 x 100 cm (Ausschnitt)

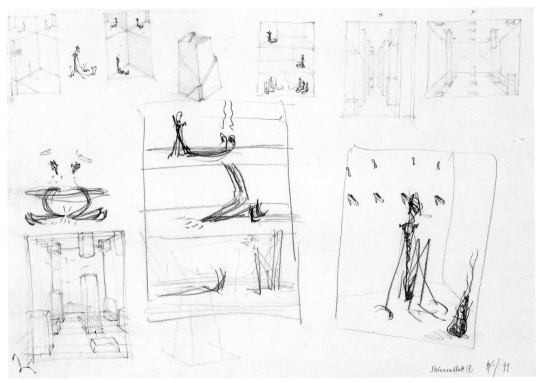

1991 Skizzenblatt mit
Vorzeichnung zum Gemälde
Unterirdische Säulenhalle

160

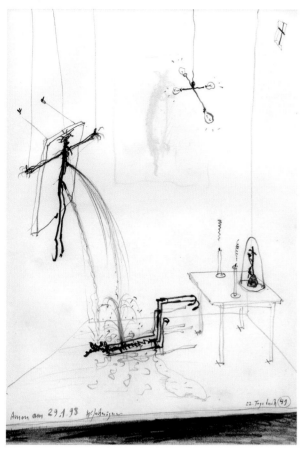

1998 22. Tagebuch Nr. 41 „Amen", Graphitstift a.P., 30 x 21 cm

2005 50 Jahre Kreuzschmerzen, Acryl a.L., 200 x 150 cm,
anlässlich 50 Jahre Republik Österreich

2002 Atelier Neumarkt, Nordwand mit Gemälde
Unterirdische Säulenhalle, 1994, Acryl a.L., 190 x 240 cm,
Foto: Wolfram Kalt

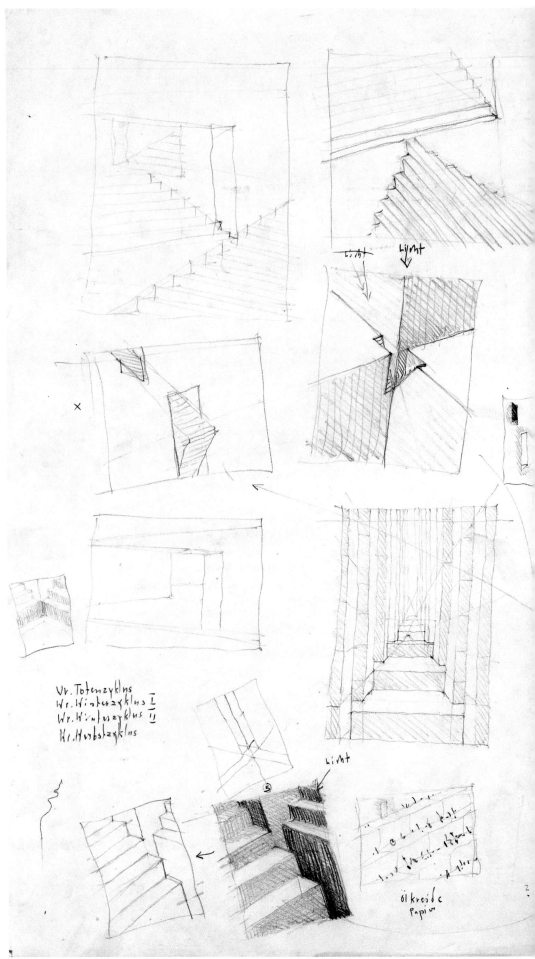

Licht
Licht
Licht

×

Vr. Totenzyklns
Wr. Winterzyklns $\frac{I}{I}$
Wr. Winterzyklns
Kr. Herbstzyklns

Licht

öl kreide
Papier

1991 Skizzenblatt Nr. 3,
Graphitstift a.P., 50 x 70 cm

162

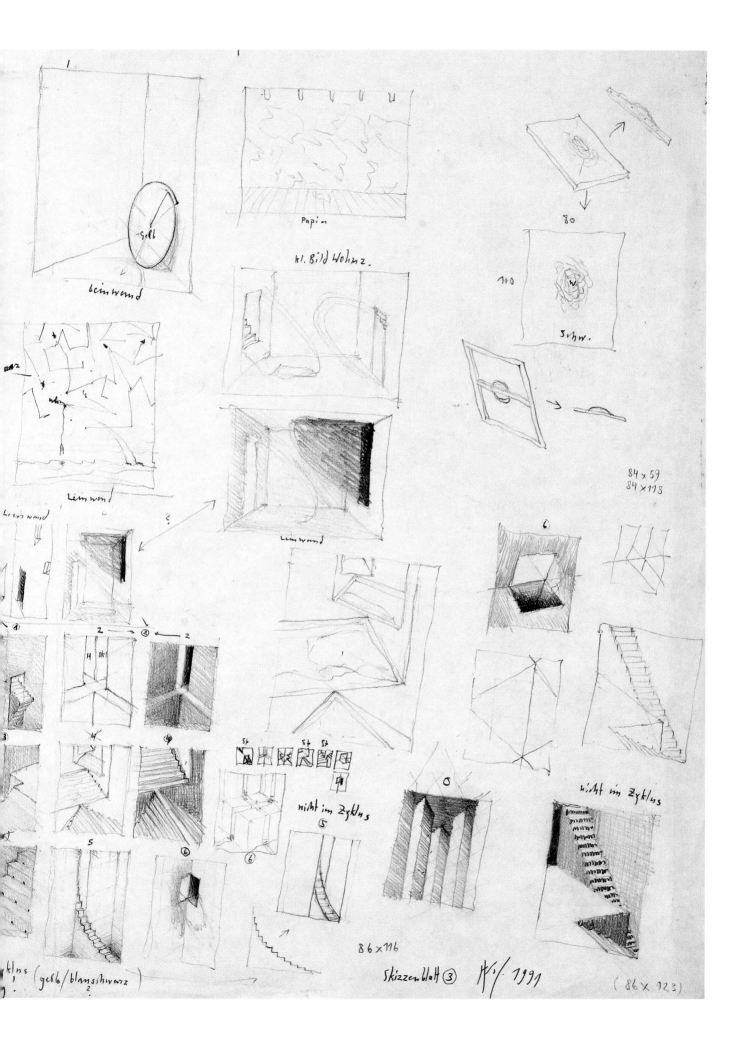

163

1994 Kleiner Lichtbalken, Tusche laviert a.P., 63 x 47 cm

1989 16. Tagebuch Nr. 73, Graphitstift a.P., 30 x 21 cm

Links:
1995 Unterirdische
Wohnanlage, Acryl a.P.,
130 x 100 cm

Rechts:
1994 Kleine unterirdische
Pfeilerhalle, M.T. a.P.,
63 x 47 cm

1997 Treppenflucht,
Tusche laviert a.P.,
42 x 58 cm

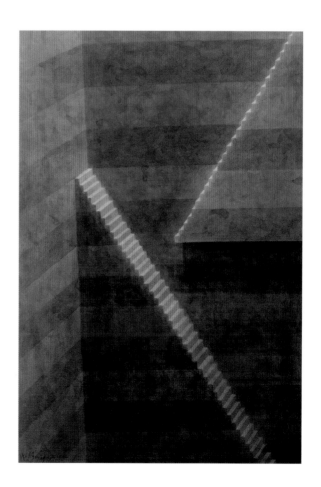

Links: 1995
Unterirdische
Wohnanlage,
Acryl a.L.,
130 x 100 cm

Rechts: 1994
Architektonischer
Umbruch, Tusche
laviert a.P.,
88 x 60 cm

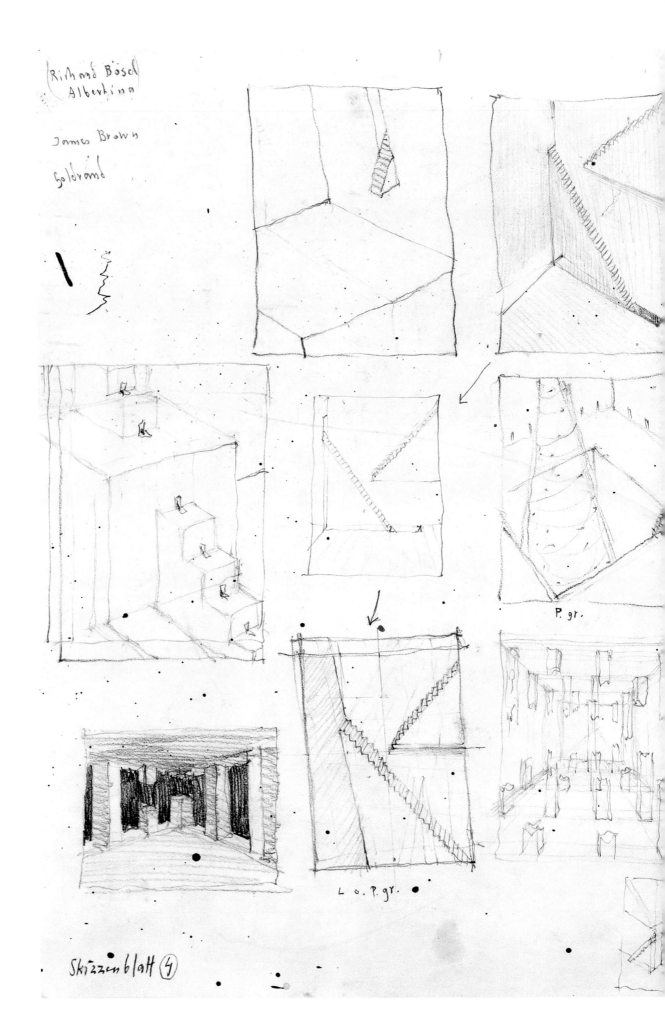

Richard Bösel
Albertina

James Brown

Goldrand

P. gr.

L. o. P. gr.

Skizzenblatt ④

166

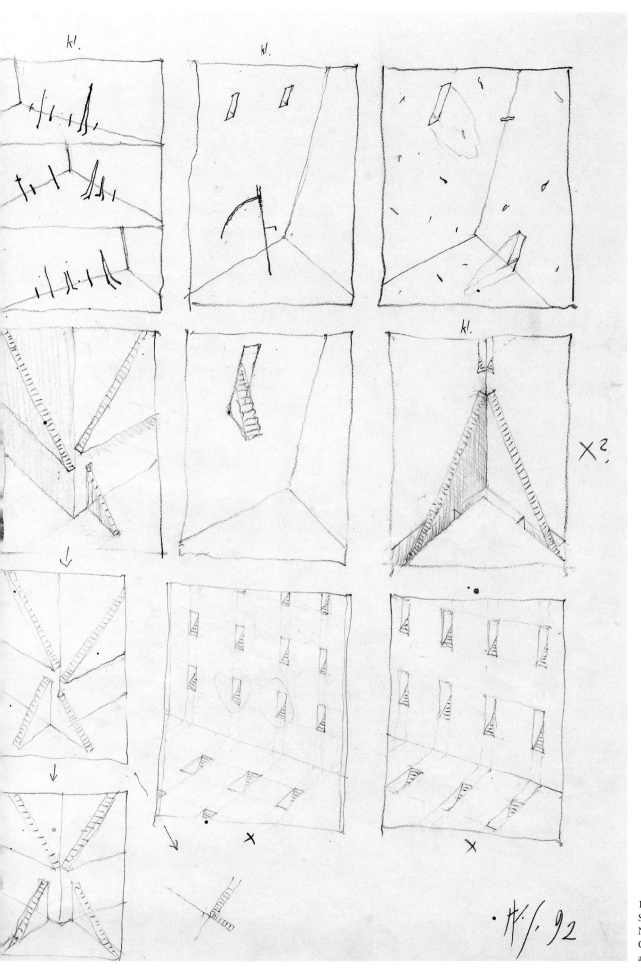

1992
Skizzenblatt
Nr. 4,
Graphitstift
a.P., 42 x 60 cm

Stillstand. Nichts bewegt sich mehr. Man möchte ja dagegen anrennen, anschreien, antrommeln. Aber es ist zwecklos. Die Zeit ist eine Gummiwand, die alles abprallen lässt und sachte zurückschleudert, was sie trifft. Es gibt so viel selbstgefälliges Grinsen in der Stadt, so viel Schenkel- und Schulterklopfen, dass man rasch die Kontrolle verliert in dieser Leistungsschau der Selbstzufriedenheit. Kaum hat man sich's versehen, sind die Gegner von einst abhanden gekommen. Wenn man in den Spiegel blickt, erschrickt man nicht mehr. Es gibt keinen Grund dazu. Es ist so, als wäre die Zukunft abgeschafft. Die einzige Perspektive ist das Jetzt. Und jetzt wird immer sein.

Gleichzeitig geht eine gewaltige Veränderung vor sich in der gesamten Welt, die alles neu gestalten wird: die Art und Weise, wie man miteinander in Verbindung tritt, wie man erfährt, was sich zuträgt und wie man die Bilder sieht, die man machen kann von der Wirklichkeit. Bald wird man alles neu zusammensetzen können, gleichgültig ob es vorhanden ist oder nicht. Das Materielle wird ersetzt werden durch das Gegenstandslose. Man sagt, dass bald alles nur noch aus Information bestehen wird. Sie ist der Treibstoff von morgen, das Bindeglied, das Fern und Nah, das Gewissheit und Ungewissheit zusammen hält.

In den vielen kleinen Biotopen von Wien merkt man kaum etwas davon, dass sich ein neues Zeitalter im Anbruch befindet, das digital genannt wird. Eine endlose Reihe von Codes, die man mit freiem Auge nicht entschlüsseln kann. In den Biotopen von Wien herrschen noch die häuslichen Gesetze einer engen Welt, die so eng ist, dass sie sich mit dem Kosmos verwechselt. Da wird die Berühmtheit der immer gleichen Gesichter gefeiert. Da fallen Sätze, die sich von selbst verbieten. Man weiß Bescheid, man kennt sich aus. Das genügt. Man kommt ja durchaus weit und viel herum, doch alles, was man heim mitbringt, sind exotische Souveniers, inspirierend wie eine Bildpostkarte von seinerzeit.

Es ist eine Zeit für Schneckensammler, die einem eintönigen Geschäft nachgehen. Sich immer wieder niederbücken und ein Lebewesen von der Kriechspur des Daseins befreien. Man hat gefunden, wozu man in der Lage war. Und darüber hinaus? Das sind unnütze Fragen. Es stellt sie auch niemand.

Und in all dieser Fraglosigkeit, im Gefühl, dass sich von nun an alles in einer Endlosschleife bewegt, auf der Anfang und Ende einander grußlos begegnen, ist man gänzlich unvorbereitet auf den großen Knall, der auch die Wiener Biotope erschüttert. Jetzt werden die Karten neu gemischt. Der Boden, auf dem man steht, ist schwankend geworden. Das hat man sich doch alles ganz anders vorgestellt.

Joachim Riedl

1992 Atelier Neumarkt. Im Hintergrund Gemälde im Auftrag von
Elisabeth Gürtler: das Portrait von Anna Sacher

1992 Hotel Sacher, das Portrait von Anna Sacher,
Acryl und Öl a.L., 215 x 170 cm, Foto: Christian Bissuti

Animiert zu diesem Gemälde
war ich durch das Tischtuch
von Anna Sacher, auf dem sie
die Signaturen aller adeligen
Gäste des Hotels eingestickt
hatte – auch die Signatur von
Kaiser Franz Josef, der aber nie
im Hotel Sacher weilte. So habe
ich Persönlichkeiten aus aller
Welt auf meinem Tischtuch
versammelt, die nie im Hotel
Sacher waren. Eine Ausnahme
ist Helmut Qualtinger.

Detail:
„Anna Sachers Tischtuch",
Foto: Josef Pfisterer

1994 Atelier Spiegelgasse 2, Arbeit am Gemälde für Martin Huber, Acryl und Öl a.L., 200 x 150 cm
Unten links: 1994 Aus dem Uhrenkatalog des Hauses Huber. *Unten rechts:* 1994 Atelier Spiegelgasse 2, vor dem fertigen Gemälde

DER WIENER MALER WALTER SCHMÖGNER HAT 1994 FÜR UNSER HAUS DAS GEMÄLDE »DIE VERLEIHUNG DES HOFLIEFERANTEN-TITELS DURCH SEINE KÖNIGLICHE HOHEIT PRINZREGENT LUITPOLD VON BAYERN AM 7. JULI 1903« GESCHAFFEN. LINKS DER 82JÄHRIGE PRINZREGENT LUITPOLD, DER NACH DEM TOD VON KÖNIG LUDWIG II. SEIT 1886 STELLVERTRETEND FÜR SEINEN KRANKEN NEFFEN OTTO DIE REGENTSCHAFT IN BAYERN AUSÜBTE. IHM GEGENÜBER JOSEF HUBER MIT SEINEM ELFJÄHRIGEN SOHN ANDREAS.

Andreas Huber
VORM. K.B.HOFUHRENLIEFERANT
München
GEGR. 1856

Walter Schmögner Arbeiten von 1980 – 1992

Rupertinum Salzburg
Wr.-Philharmoniker-G. 9
von 26.11.92 – 31.1.93
tägl. außer Mo: 10-17 Mi: 10-21⁴

1992 Plakat
zur Ausstellung,
Abb.: Gott, wo bist du?,
M.T. a.P., 70 x 50 cm

1994 Der Wunderheiler, Entwurf zum Nahtlosen Prospekt, 950 x 1450 cm

1994 Plakat zum Theaterstück „Der Wunderheiler" von Brian Friel.
Mit Ernst Stankowski, Vera Borek und Toni Böhm, Inszenierung:
Wolfgang Hübsch, Ausstattung: Walter Schmögner

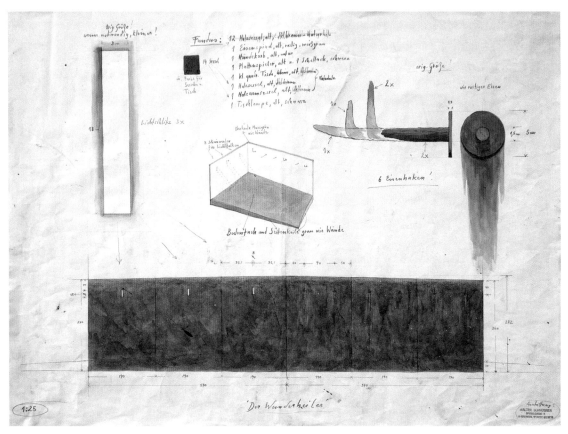

Links: 1994
Bühnenentwurf
„Der Wunderheiler",
M.T. a.P., 50 x 65 cm

Rechte Seite:
1995 Kunstposter
zu: „Die Abenteuer
des braven Soldaten
Schwejk", Volkstheater,
Wien

1995 Entwürfe zu „Die Abenteuer des braven Soldaten Schwejk" am Volkstheater Wien

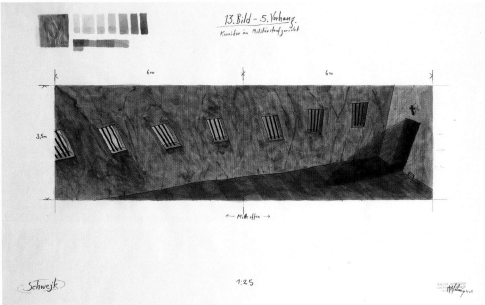

1995 Drei Bühnenbild-Entwürfe zu
„Schwejk", alle M.T a.P., 50 x 65 cm.
Volkstheater Wien. Inszenierung: Wolfgang
Hübsch, Schwejk: Heinz Petters

1997 Katalog und Buch zur Ausstellung, Residenz Verlag, Salzburg.
Abb.: Großer Staub im kleinen Raum, 1995, M.T. a.P., 85 x 55 cm

1997 Plakat zur Ausstellung im Historischen Museum der Stadt Wien.
Abb.: Zwei Hunde, 1992, M.T. a.P., 92 x 60 cm

1997 Mit Petra Schmögner bei
Vorarbeiten zur Ausstellung,
Foto: Didi Sattmann

1997 Walter Schmögner beim Einrichten der Ausstellung
im Historischen Museum der Stadt Wien

1997 Ausstellungseröffnung mit
Hofrat Dir. Dr. Günter Düriegl
und Dr. Helmut Zilk.
Fotos: Didi Sattmann

176

WOLFGANG BAUER
Schmögner: Die einzige Möglichkeit

Bei Walter Schmögners „Tagebüchern" deutet nichts auf einen
Anfang hin. Ich habe mir auch nie Gedanken darüber gemacht,
ob Walter Schmögner jemals mit dem Zeichnen begonnen haben
könnte. Immer wieder stolpere ich in sein Labyrinth und wundere
mich plötzlich, dass ich sozusagen schon längst »drin« bin. Nüch-
tern und hellwach versenke ich mich in seinen heiteren Schrecken
und lese diese unliterarischen Hieroglyphen mit einer Leichtigkeit,
als hätte ich sie schon tausendmal gelesen. Selbst wenn Schmögners Zeichnungen neu sind, scheine ich mich immer an sie bereits
zu erinnern. Die zeichnerische Selbstverständlichkeit bewirkt das.
Auch die Logik und die Metaphorik des Alptraumes bewirken das.
In Schmögners grauenvoll tiefen Schächten sowie in seinen lusti-
gen, dahinwehenden Planetenfiguren feiern die Archetypen eine
Surpris-Party.

Nachts steigt er selbst wahrscheinlich übergangslos via Bleistift in
sein Land und verliert sich dort. Der zuckende Bleistift unter der
verrauchten Lampe, die dunkel ein Glas Rotwein beleuchtet, ist das
letzte, was von Walter Schmögner übrig ist. Er ist in den Räumen
irgendwo, "traumhaft sicher". Er fischt dort, „komm nur mit, du
wirst staunen!"

Einem, der die Kunst so gefressen hat wie Schmögner, einem Wun-
derkind, bleibt keine Zeit für stilistische Debatten. Er will auch
nicht interpretiert sein. So ist sie einfach: die Wellenlinie, sein Mar-
kenzeichen. Die verquirlte Hanfschnur führt uns zu Danteschen
Monstern, vorbei an hoffnungsvollen Strahlenbündeln quer durch
das Universum hinein in lachende schwarze Löcher — in die Tiefe
oder in die Höhe, doppelt bewegt und zugleich still am Papier, es
gibt keine Richtung mehr, ähnlich wie wenn man in der Eisenbahn
die Augen schließt. Schwarz und strahlendes Gold oszillieren, als
würde man Schmögner mit Schmögner vergleichen. Die einzige
Möglichkeit!

Graz, März 1996

1996 Textauszug aus dem Buch zur Ausstellung im
Historischen Museum der Stadt Wien

1996 Hochzeitsfest, mit Wolfgang Bauer,
Neumarkt a. d. Raab, Foto: Peter Sattler

1996 Petra und Walter (mit Selbstauslöser)

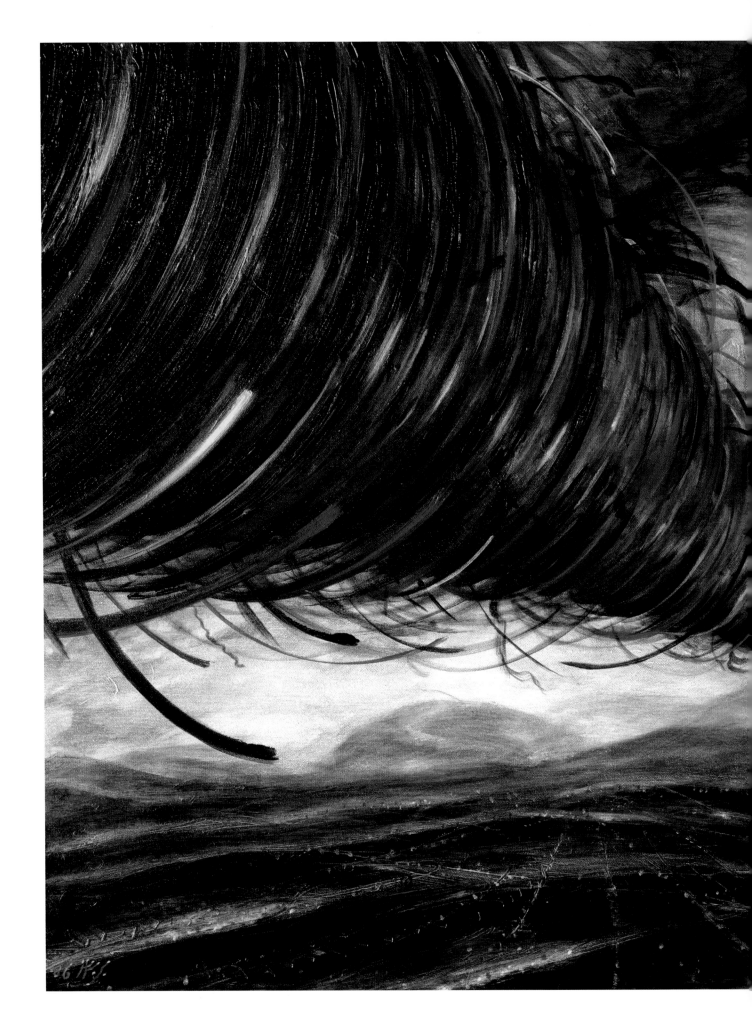

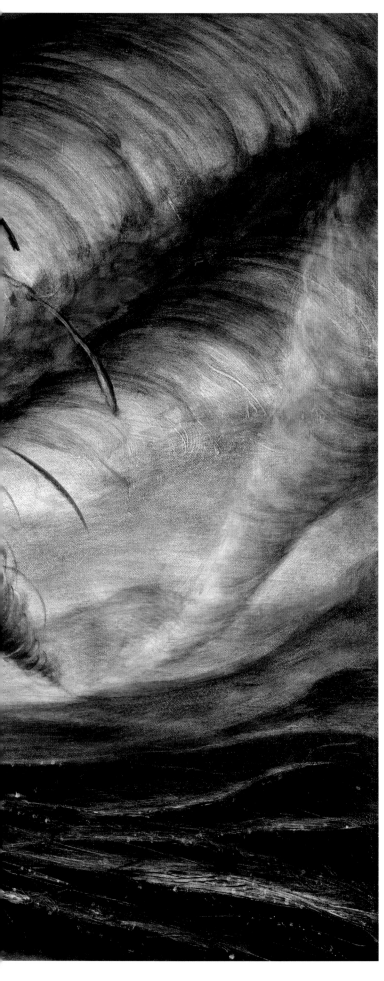

1985 Achtes Haus, Acryl a.L., 80 x 100 cm

179

Bad Ischl, 27.4.1996

Liebe Petra,

gleich hinter dem schönen Herz-Kreislauf-Sonderanstalt-Gebäude gibt es die 'Grabner-Diele. Ich habe Dir in der dazugehörigen Pension für Freitag den 3. und Samstag, den 4. Mai ein Zimmer bestellt. Es ist so grandios, auch groß, so ein Doppelbett und Dusche und WC und Balkon und TV, aber in einem Stil wo Du nur so schauen wirst (ich werd das alles fotografieren) – Es ist fixdost, ich hab's reserviert. Und jetzt zur "Diele"! Vorweg: Ich hole einen Schlüssel Freitag mittags, weil wir damit völlig unabhängig sind! Die Diele ist im Keller. Draußen steht Seniorendancing. Der DC. schaut aus wie Kaiser Franz Josef, etwas jünger; die Wirtin wie eine dicke Ente, aber sehr ehrlich! i kann net kochen, i kauf alles von Iglo! Die Diele hat ihre detailreichen Feinheiten: Punkt 18 Uhr wird geöffnet. Die ersten Gäste, fast alle von der Herz-Station, treffen ein. Ich bitte die Wirtin mir das Zimmer zu zeigen: "na jetzt kann i net, die Stufen san so steil, da tat; ja gleich abnehmen. Ich drink ein achtel Rot. Ein Gast mit Pepi kommt. Auf einmal ist es voll. An der Wand Fotos von John Wayne, Elvis Presley, Rennautos, Kleinbahnanlagen, ein Bierzapfer der wie eine Frauenfigur ausschaut. Ein Auto, daß sich um einen Baum gewickelt hat. Ein Gast schaut aus wie der Dichter Ransmeyer. Plötzlich sitzt neben mir ein Gast der nach einem Iglo-Gulaschverzehr so rülpst, daß meine Haare beim Ausstoß in Bewegung geraten. Eine, oder zwei Straßen weiter gibt es eine Sonderanstalt für

Gelähmte. Oder Irre. Die saßen zwar nicht in der
Grabner-Diele, ich habe aber ein paar bei meinem
Nachmittagsspaziergang herumirren sehen. -
Geliebter, über alles verehrter, hochheiß=
begehrter, sinnlichst vernaschenswerter Schatz!
Ich freue mich so sehr wenn Du
nach Bad Ischl kommst.
Gerade schaut mich der Dachstein an,
in seinen in die Nacht eindunkenden
Felsenkanten, fast greifbar.
Jetzt ist es [Uhr] und und
in Eins und einer
halben
Stunde
werden
wir
Tele=
le=
fon=
o = nieren.

Voll Liebe.
Dein
Walter

1996 Brief und Postkarte an Petra
aus der Herz-Kreislauf-Station in Bad Ischl

Liebster Schatz! 26.4.96
Joachim sagt, ich soll auf=
passen alles voller Nazis in Bad
Ischl! Ich schaue, - beobachte
und stelle entsetzt fest: Braune
Häuser, bräune Türen, braune
Fenster, viele braune Bretter!
Braune Golserer, braungebrannte
Menschen! Braune Unterwäsche,
bräune Strümpfe, braune Angst,
braune Haare, bräunliche Ge=
wänder, braune Hundescheiße,
kl. brauner Schwarzer, großer
Brauner, braunes Bier! Braunes
Weiß? Du siehst ich bin auf der Hut!
In Liebe Dein Walter

i.L.a.d.Sg.
Frau Petra Schmögner
z.H. Fr. Werkowits
Neumarkt a.d. Raab 161
8380 Jennersdorf

1998 Ausstellungseröffnung durch Wieland Schmied in der
Galerie der Stadt Salzburg im Mirabellgarten. Anlässlich meines
Lehrauftrages an der Internationalen Sommerakademie.
Foto: Archiv der Internationalen Sommerakademie

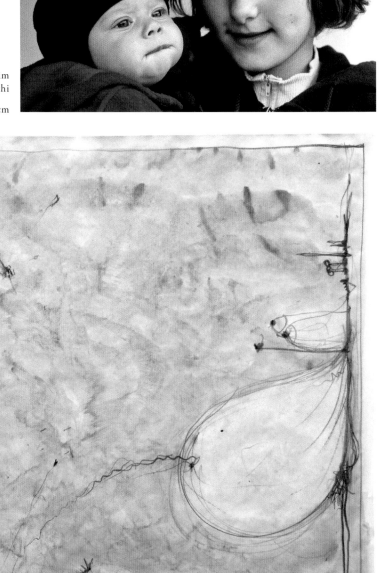

Rechts: 1999 Präsidentschaftswahlkampf im
Club an der Grenze, Wahlhelferinnen Marie und Cathi

Unten: 1998 Schwanger im Dezember, M.T. a.P., 42 x 60 cm

Residenz Platz,
Nachts
mit:

Salzburg
Getreidegasse

H. Bahr

O.K.

G. Trakl

S. Solari

St. Zweig

H. v. Karajan

Papageno

Paracelsus

C. Holzmeister

Th. Bernhard

W. A. Mozart

Salzburger Festspiele 1998

Salzburger Festspiele 1999, Proben zu "Die letzten Tage der Menschheit", mit Gert Voss

1998 Zwei von mehreren
Illustrationen zum Thema
„Salzburger Festspiele“,
Süddeutsche Zeitung,
im Auftrag von Joachim Riedl

183

WALTER SCHMÖGNER
Neue Arbeiten

FRAUENBAD
Baden bei Wien, Josefsplatz 5
Von 30. September 1995 bis 7. Jänner 1996
Dienstag bis Sonntag 10–12 Uhr und 16–19 Uhr

GALERIE MENOTTI
Baden bei Wien, Kaiser Franz-Ring 13
Von 30. September bis 11. November 1995
Dienstag bis Freitag 10–19 Uhr, Samstag 9–13 Uhr

1995 Plakat zu den Ausstellungen in Baden bei Wien.
Abb. Großer Staub im großen Raum, 1993, Acryl a.L., 180 x 140 cm.
Auszug aus dem Einladungstext von Klaus A. Schröder

Schmögners gigantische unterirdische Räume, die keine Funktion erkennen lassen, sind nicht einfach eine symbolische Bankrotterklärung eines nur mehr an Zwecken und Nutzen ausgerichteten Lebens. Die Unüberschaubarkeit seiner merkwürdigen, frontalen oder über-Eck gestellten Kastenräume, die labyrinthische A-Logik der unendlichen Treppenverläufe, die nirgendwo hinführen, wird man vielmehr als Symbolfiguren einer sich selbst gebierenden Maschinerie verstehen dürfen; darin Franz Kafkas Allegorien einer sich selbst reproduzierenden, undurchschaubaren Bürokratie im Prozeß und im Schloß enger verwandt als den tiefen Kerkern Piranesis. Mehr noch als das Unerklärliche und Bedrohliche ist es das Wissen um die Sinnlosigkeit eines total verwalteten Lebens, das den Architekturphantasien Schmögners ihre Dignität verleiht. Die Kontraste zwischen dem gleißenden Licht und einer kellerschwarzen Dunkelheit sind sinnlich anschaulich gewordene Konflikte, ohne daß sich sagen ließe, welche Konflikte denn konkret gemeint seien. Das Licht und die Dunkelheit fallen durch Raumöffnungen ein wie die Hunnen ins Römische Reich.

Klaus Albrecht Schröder

WALTER SCHMÖGNER

FRANK PAGES
ART GALERIE
KREUZSTRASSE
76530 BADEN-BADEN
GERMANY
TELEFON (+49) 72 21 / 2 57 55

1998 Plakat zur Ausstellung in
der Galerie Frank Pages, Baden-
Baden, Abb.: 1994 Ausschnitt
einer großen Treppenanlage,
Acryl a.L., 180 x 140 cm

Christian Brandstätter *Verlag*

Christian Brandstätter Verlagsgesellschaft m.b.H. · 1080 Wien · Wickenburggasse 26

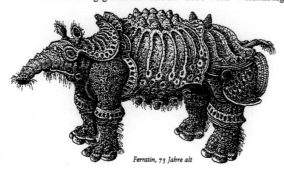

Ferratin, 75 Jahre alt

Der
Christian Brandstätter Verlag
und das Naturhistorische Museum
freuen sich, Sie und Ihre Begleitung zur Präsentation des Buches

Konrad Vogel

NEUES TIERLEBEN

für jedes Heim

mit einleitenden Worten von Prof. Dr. Friedrich C. Heller
im Sauriersaal
und zur Eröffnung der Ausstellung von Walter Schmögner im Sonderschauraum

am Dienstag, dem 13. Oktober 1998, um 19.00 Uhr
in das Naturhistorische Museum
Burgring 7, 1010 Wien
herzlich einzuladen.

Im Anschluß bitten wir zu einem Glas Wein.

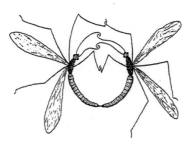

Ausstellungsdauer: 14.–30. Oktober 1998,
täglich außer Dienstag von 9–18 Uhr

U.A.w.g. (01) 512 15 75-293

1998 Einladung zur Buchpräsentation und Ausstellung im
Sauriersaal des Naturhistorischen Museums, Wien

Konrad Vogels
Neues Tierleben

fürs deutsche Heim
In Auswahl bearbeitet und neu herausgegeben
von Friedrich C. Heller und Walter Schmögner
Mit zahlreichen Illustrationen
insel taschenbuch

1983 Erstausgabe des Taschenbuchs,
Insel Verlag, Frankfurt am Main

185

METAVIRUS

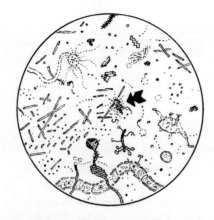

Die bisher beste Aufnahme des Metavirus (Pfeil)
250.000 fache Vergrößerung (1961)

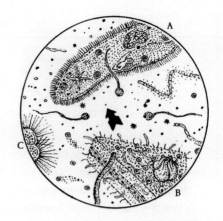

Größenvergleiche zum Metavirus (Pfeil)
A Pantoffeltierchen
B Torteneecktierchen
C Kammertierchen

Alte Gans und junges Ei, vom Metavirus befallen

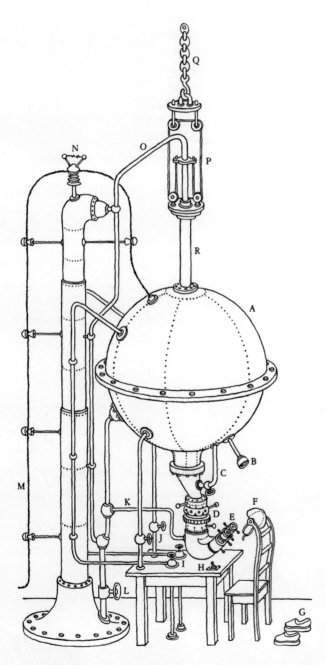

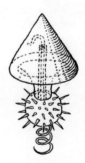

Das Metavirus (wahrscheinliches Aussehen)

Elektronische Wasserhochdruckmikroskopanlage nach Holley & Somogyi

A Wasserhochdruckbehälter (Höchstbelastung 30 Millionen Atü)
B Druck- und Temperaturmeßgerät
C Bei Erfolg: Wasserleitung mit Metavirus zum Elektronenmikroskop
D Optischer Teil des Elektronenmikroskopes
E Okular
F Stuhl mit Kopfschutzvorrichtung
G Spezialgummischuhe als Schutz vor Starkstromstößen
H Hauptschalter
I Wasserdruckregulierhähne
J Überdruckleitungen
K Kontrollrohr für Wasseranalyse
L Hauptwasserhahn
M Starkstromleitung
N Starkstromüberspannungssicherung
O Wasserzufuhr
P Spezialaufhängevorrichtung zum Dehnungsausgleich
Q Kette
R Stahlmantelrohr

Aquatinctor Ptrs.

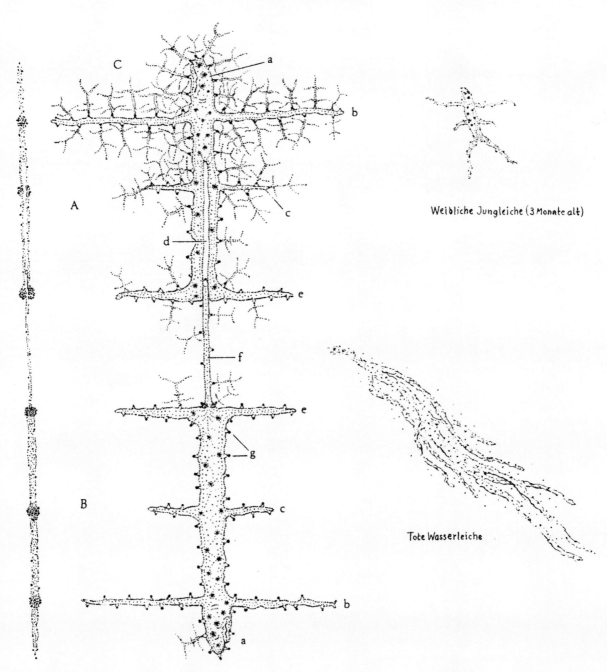

C

A

a
b
c
d
e
f
e
g
B
c
b
a

Weibliche Jungleiche (3 Monate alt)

Tote Wasserleiche

Seitenansicht (ohne Jungleichen)
A weiblich, B männlich, C Jungleichen
aa Kopf, bb Armflossen, cc Bauchflossen
d Vagina, ee Fußflossen, f Penis, g Saugnäpschen

DIE WASSERLEICHE

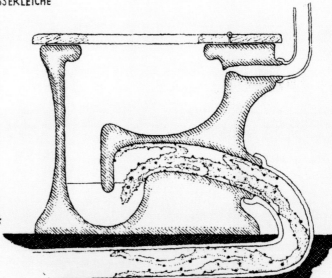

Wasserleiche in einem Wasserklosett

1998 Zwei von 34 Illustrationen zu Konrad Vogels Tierleben,
Verlag Christian Brandstätter, Wien

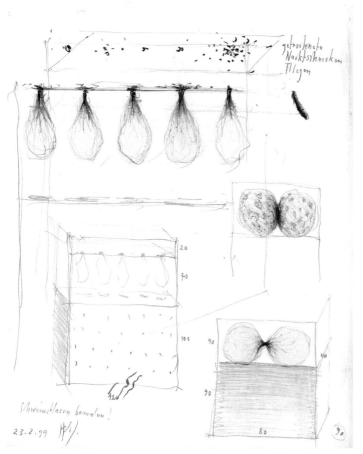

1999 23. Tagebuch, Nr. 90, Skizze zu 5 Schweinsblasen, 28 x 23 cm

2001 Plakat zur Ausstellung
bei Gerhard Kisser, Gerersdorf,
Abb. Objekt 5 Schweinsblasen, 2000,
M.T., 160 x 110 x 25 cm,
Foto: Didi Trummer

2000 Arbeitsprozess zum
Objekt 5 Schweinsblasen

188

1999 Atelier Neumarkt a. d. Raab

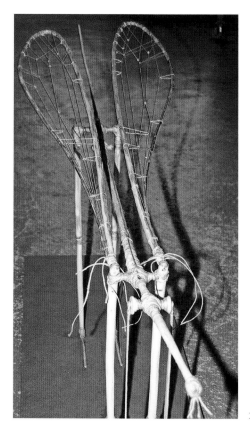

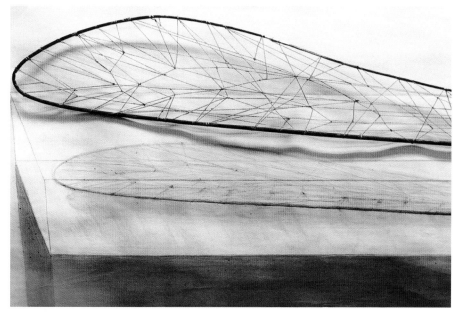

1999 Flügelpfeife, Objekt und Zeichnung, Arbeitsprozess

2000 Etruskischer Hund, Arbeitsprozess

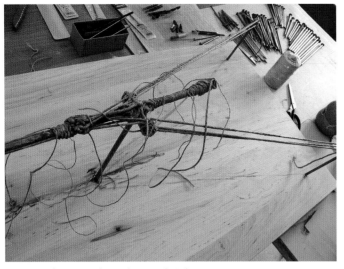

1999 Objekt Herzklopfen, Detail, Arbeitsprozess

1999 Große ägyptische Seele, Detail, Arbeitsprozess

2002 Ich mit Flügel, Foto: Hans Wetzelsdorfer

2001 Objekt „Großer Flügel", Holz bemalt, Höhe: 300 cm

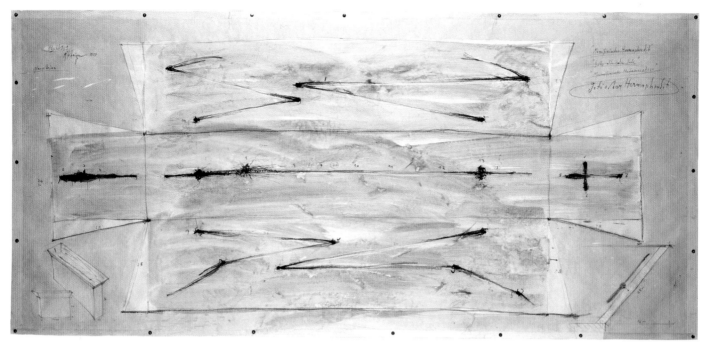

1999 Gotischer Hermaphrodit, M.T. a.P., 80 x 172 cm

2002 Lagerraum Neumarkt a.d. Raab

1999 Plakat zur Ausstellung.
Abb.: Etruskischer Hund, 2002, M.T., 145 x 121 x 31 cm

2006 Aufgang, Acryl a.L., 70 x 100 cm

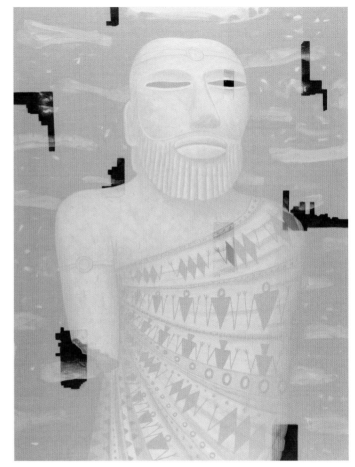

2005 Mohendscho-dàro, M.T. a.L., 170 x 130 cm

Jetzt will man vielleicht wissen, ob W.S. an einem Ziel angelangt ist. An irgend einem. Und ob es jemals überhaupt solch ein Ziel hat geben können. Hat er irgend etwas gefunden mit seinen vielen Bildern, den grotesken, den bedrohlichen, den lauten, leisen, bunten und den düsteren? Dort, wo die Bilderwelten miteinander kämpfen, hat eine den Sieg davon getragen? Das Licht über das Dunkel? Sucht die Fantasie? Und wonach? Kennt sie ein Ziel? Es gibt schlaue Köpfe, die behaupten, der Weg sei das Ziel und die Wege würden beim Gehen entstehen. Aber dabei entstehen auch die Irrwege. Selbst bei einem aufrechten Gang.

Aber vielleicht ist es auch so, dass es nur Irrwege gibt, dass ein Labyrinth an Irrwegen in die Welt eingeschrieben ist. Manche sind ausgetreten und tausend Mal begangen. Es gibt aber auch solche, auf die noch kein Fuß gesetzt wurde und die geduldig darauf warten, entdeckt zu werden. Auf welchem man sich befindet, bemerkt man allerdings erst, wenn man schon ein gutes Stück zurückgelegt hat. Oft viel zu lange und oft viel zu weit. Es ist allein die Fantasie, die noch rechtzeitig zur Umkehr mahnt und davor bewahrt, an ein totes Ende zu gelangen. Man muss sich nämlich vorstellen können, wohin die Reise führt, will man nicht eines Tages an eines dieser Ziele gelangen, von denen es viel zu viele gibt, die allesamt nicht wert sind, erreicht zu werden. Man muss sich immer wieder an den Anfang zurückdenken. Das ist es möglicherweise, was uns W.S. mit seinen Bildern veranschaulicht.

Aber am Anfang steht immer ein Blatt.
Ein weißes Blatt. Ein leeres Blatt.
Allerdings stets ein neues.

Die sechs Einleitungstexte hat Joachim Riedl im Oktober 2011 verfasst.

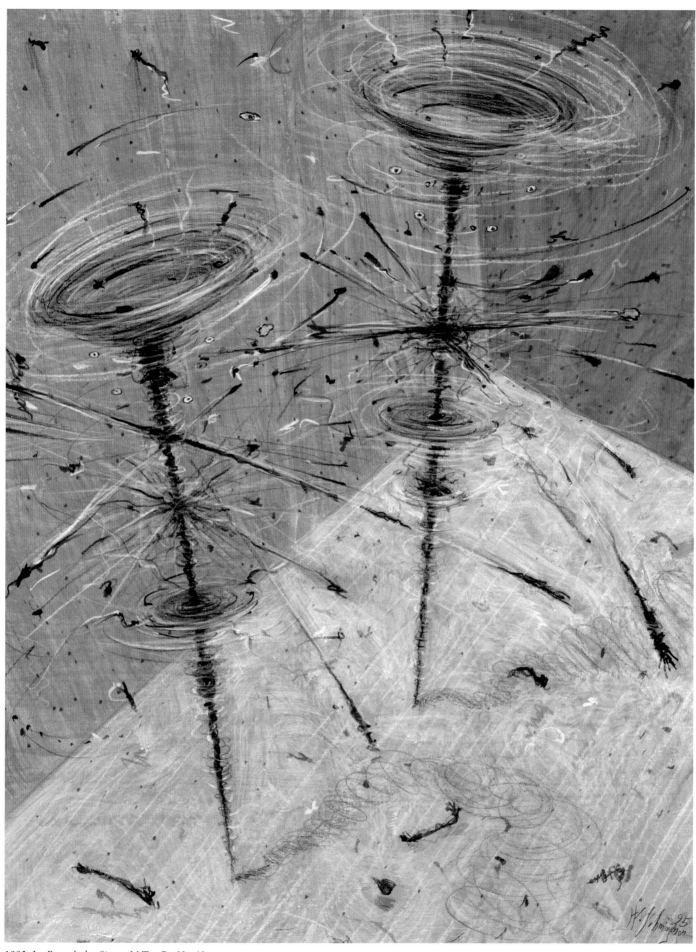

1995 Im Rausch der Sinne, M.T. a.P., 65 x 49 cm

Austria 3, sehr flott
Günter Brus

Walter von der Vögelweide eilte zum Cafe Eiles, bestellte sechs weiche Eier im Glaspokal und versuchte vergeblich das Kreuzworträtsel in der „Wonnen-Zeitung", von den Eingeborenen kurz „Wonne" genannt, zu lösen. Im Sportteil spielten die Spitalsbediensteten gegen die Gehörlosen Null zu Null, im Lokalteil wurde ein Rinderschänder in Fuck an der Leitha bei frischer Tat geschnappt, in der Tierecke wurde ein läufiger Fickbull-Terrier gesucht, in der Witzecke stand „Wer länger lacht, lebt länger" und auf dem Titelblatt: „Spermaphrodit im Spermalbad ersoffen!"

Walter von der Vögelweide sah den böhmisch-alkoholisch erzogenen Brunzius, den päpstlichen Stuhlgänger Tichantowsky seinen Fensterplatz im Cafe einnehmen. Dem Kellner hatte man beim Spiel Volkssturm Wien gegen Torpedo Moskau nahe Fuck an der Leitha ein Schussbein weggeschossen, so

dass nun der Kellner mit nur einem Oberschenkel, aber mit einer geländegängigen Prothese Herrn Tichantowsky begrüßte: „Staberl die Ehre, Herr Hinterhofrat! Einen großen Braunen wie immer?" Tichantowsky nickte wie immer und betrachtete das Titelblatt der „Praline" wie ein Spätwerk von Gustav Klimt.

Walter von der Vögelweide beäugte eine adrette Brünette, welche zurückkäugte und dann im Samenklo verschwand. „Ich muss ihr sofort folgen, sonst verschwende ich für Tichantowsky meinen kostbaren Verstand und es würmelte etwas in ihm. Er geilte sich hoch und eilte zum Samenklo, klopfte küssdiehandcharmant wie ein echter Wiener, der später untergeht als sein Rettungsring, an die Tür, und ein bestimmter Teil der adretten Brünetten war schon sperrangelweit feucht. „Ich will dich trieben, aber in welcher Version?" flüsterte er hastig. Sie winselte: „Komm, mach Revolution!" Er holte einen Schraubenzieher aus der Hosentasche und

schraubte die Klobrille von der Muschel. Die Muschel wurde sogleich kurzsichtig und konnte den nachfolgenden Akt nur wie durch ein Buttermilchglas beobachten. „Fick mich bis zur Wonnenfinsternis!" röchelte sie. „Revolution, ich will Adabeidschan in einen Ständerstaat verwandeln!" keuchte er. „Ich liebe dich, Vögler von der Vergewaltigungsscheide!" keuchte sie zurück. „Wie ist dein Name, holde Dame?" stöhnte, keuchte und ächzte der Minne- und Wonnesänger. „Rosita Serrano", koloratursopranierte sie. Ein Ejakulat brüllte sich aus der Zauberflöte und die Königin des Schmachtens empfing die Reizflut wie die supergeilste aller Stuten von Panama bis Lipizza.

Die Klobrille rutschte von seinem erschlaffenden Schweif und sie sang leise „Revolution, warum welkst du denn schon, warum welkst du denn schon, roter Mohn?" Walter von der Vögelweide nahm wieder seinen Stammplatz ein und sie trocknete ihr gleichschenkeliges Dreieck.

Hinterhofrat Tichantowsky war verschwunden, gleichfalls die „Praline".

„Einen Casali Feuerteufel und einen Glühwürmchenlikör, Herr Wolf, bitte sehr!" sagte er zum Ober. Dieser setzte hinzu: „Und was zum Papperln, gnä Herr, eine Flecksuppe mit eingemachten Lapperln gefälligst, ein Martinsganserl a la Bonheur, gnä Herr von der Vögelscheide? Oder was Kleines zwischendurch, ein mürbes Kipferl a la Croissant, oder darfs ein Kornspitz sein, dazu eine Nussschnecke oder ein steifes Stangerl Knabbernossi vielleicht, der Herr?" „Ein Packerl Mannerschnitten und ein Doserl Red Bull, Herr Martin, pardon, Herr Wolf!"

Die adrett-brünette Rosita schwankte aus dem Samenklo, rief Walter von der Vögelweide ein „Tschüss Gott" zu und eilte aus dem Cafe Eiles. Hurplötzlich kehrte sie wieder, nahm an seinem Stammplatz platz und reimte „Geil Ding braucht Eiles." „Extrem originell, das muss ich mir aufschrei-

196

ben", sagte der Kellner im Vorbei-humpeln. Aber diesen Einfall hatte schon ein Kulturverzichtserstatter von der „Wonne" notiert, um ihn dem Würgermeister von Haide-rabad zu widmen, welcher wahr-scheinlich zu dieser Zeit den An-noncenteil der „Wonnenzeitung" studierte.

„Bundeskanzler gesucht! Zwinger aus Edelstahl vorhanden, la prima ff heimische Qualität. Bellen und Beißen auch ohne Hundeführer-schein. Impfpass für Maulkorb aus Leder Bedingung." Wie dem Kellner einst ein Oberschenkel bei Fuck an der Leitha abhanden kam, kam nun ein Zeigefinger von Wal-ter von der Vögelweide abhanden. „Wenn ich mich jetzt auf die Perso-nenwaage stellen würde, wäre ich ein bisschen gewichtiger", raunte die adrett-brünette Rosita, und in ihrem glitsche kleinen Empfangs-salon spielte der Wonnensänger mit seiner Minnedienst-Klarinet-te. Die Zeit schmolz im Cafe Eiles zusammen wie ein in Vanillisoße aufgeweichtes „Ejakulatio Prä-keks".

Einige umnebelte Inländerrum-schlürfer warteten sehnlichst auf die Nachtausgabe der „Wonne". „Zwei weiche Eier im harten Schas!" brüllte ein unerkanntes Genie aus Graz, und fügte grö-lend hinzu: „Ich bin Schnorr von Carolsfeld und wer seids ihr, ihr scheiß Wiener depperte Trot-teln?!" Der Kernölhodler brüllte weiter und weiter, bis der Kellner sein neumodernes Holzbein aus seiner Hüfte schraubte und dem stoasteirischen Flegel mit diesem Dreschflegel dort einen Schlag ver-setzte, wo einst Erna Sack kolora-tursopranierte. Der verdroschene Flegel sackte in sich zusammen und Walter von der Vögelwei-de orderte gelassen: „Ein Packerl Qualmdudler ohne Filter, Herr Martin, pardon, Herr Wolfl."

Am Fensterplatz hatte inzwischen Curd Schweinitz, ein alle Sen-sationen abgrasender Reporter Platz genommen. Er bestellte ei-nen doppelten großen Braunen. Ihm gegenüber hockte Guntram Hirschgweih, das Schlagzeilenge-nie der „Wonne". Die Nachtaus-

gabe erschien in den Armen eines Gfrastarbeiters mit dem Aufma-cher: „Ober ohne Schenkel ent-mannt einen Mann!" Walter von der Vögelweide und Rosita Ser-rano beschlossen, der frustgeilen Sperrstunde durch eine wollustgei-le Spermstunde zu entgehen. Wäh-rend sie die Zweierlinie entlang fla-nierten, kugelten im Stephansdom ein ohrwaschel-amputierter Sün-der und eine futlapperl-amputierte Sünderin aus dem neuzotischen Beichtstuhl und hinterher stelzte ein kastrierter Katechet. Sie zer-kauten im Hotel Sacher noch eine Masochtorte und gaben sich dann ganz dem Wiener Tuchentstil hin. Während man in der Staatsoper den von Fiki Lauda gesponserten „Almosenkavalier" gab, fraß der Koch Witzigmann alle seine Re-zepte auf — und am Fundament der Pestsäule flüsterte ein Glied-haber seiner Liebhaberin ins Ohr: „Was meinl ist, ist auch deinl, hier am Graben, hier in Wien."

Walter von der Vögelweide und Rita Serrano schienen eine Ewig-keit zu durchschlafen, eine sehn-

süchtige Zeitlichkeit, für einen Gott erfunden, welchem kein auch noch so menschennaher Schim-panse beibringen kann, ein Selbst-bildnis von sich zu malen. Wie ein schlaffes Glied hing ein „Don't dis-turb" am Türknauf, aber dennoch gelang es dem Zimmerfräulein irgendwann sich als Betthupferl einzubringen: Austria 3, sehr flott.

Graz, 29. April 2001

2001 Vier Beispiele aus dem Katalog 21 Jahre Frühstücksarbeit: „Das Mädel von der Seite 5", mit Reiss-Kohle überarbeitet, mit einem Textbeitrag von Günter Brus

WALTER SCHMÖGNER:
„Mein Kollege Günter Brus gab mir den Spitznamen Walter von der Vögelweide."

LUSTBARKEITEN: Neben den „Mädel"-Bildern sind in der Wiener Galerie Hofstätter auch Graphiken und Malereien von Walter Schmögner zu sehen.

Das Klitoris-Komplott

Christoph Hirschmann über den Zeichner, Maler und Buchillustrator **WALTER SCHMÖGNER** und dessen skandalträchtige Ausstellung „21 Jahre Frühstücksarbeit", die saftig verfremdete „Krone"-Mädeln von der Seite 5 präsentiert.

n den achtziger Jahren begann Walter Schmögner den Tag stets mit der „Kronen Zeitung". Nicht nur die erdigen Chronikgeschichten, vor allem die „Mädeln von der Seite 5" haben es ihm angetan. Und weil Schmögner obsessiver Maler, Zeichner und Illustrator ist, hat er sowohl die Headlines je Seiten als auch die Pin-ups beim Frühstückskaffee mit Graphitstift „seltsam verdert". Letztere bekamen von ihm mashafte Gesichter, oft auch einen gewalten Pimmel („zur Bewaffnung und Stärng") verpaßt.

Viele Jahre lagen die Überzeichnungen Privatarchiv des Wiener Künstlers, der mütig zugibt, als Kind „relativ viel ktor gespielt" und als Pubertierender n das Sex-Museum im Prater frequenrt zu haben, unter Verschluß. Jetzt komn Schmögners künstlerische Versuche den „Krone"-Mädeln in einer Ausllung der Wiener Galerie Hofstätter 1 Jahre Frühstücksarbeit"; ab 22. Mai) s Licht der Öffentlichkeit.

ZWIST MIT DICHAND. Mit der „Kronen Zei" und dessen Gottoberstem Hans Dind verbindet Schmögner eine ambivate Koexistenz: In den siebziger Jahren rieb und karikierte der gelernte Graker, bevor er zum „profil" wechselte, für bunte „Krone"-Beilage „Kalafatti". chand selbst kaufte dem Künstler zehn ädel"-Collagen ab und versicherte ihn derholt seiner sammlerischen Wertätzung.

Deshalb auch ahnte Schmögner keiner Zwist, als er jüngst sein erotisches vre zum Zwecke der Ausstellung zunmenzutragen begann. Er rechnete mit hands Sanktus bezüglich der „Mädel"-fremdungen – und führt ihn im Auslungskatalog auch als potentiellen Leiher an. Zunächst habe man im Presses auch positiv auf das Projekt reagiert. de letzter Woche kam dann das Njet. „Dichand kann uns zwar nicht verten, die überzeichneten Mädeln herzuen. Wohl aber könnte er verhindern, s wir die vollständigen 5er-Seiten auslen. In diesem Fall müssen wir halt die

Chronikgeschichten mit einer Folie abdecken und werden mit einem Zensurstempel drübergehen. Ich weiß nicht, was Dichand plötzlich hat", rätselt Schmögner. Er wolle ihn „ja keinesfalls verarschen".

EIN SKANDAL. „Das wird ein Skandal", urteilte Malerkollege Adolf Frohner, als er von Schmögner zur Vorbesichtigung der Exposition in die Galerie Hofstätter gebeten wurde. Aktionistenfreund Günter Brus sah sich angesichts der zeichnerischen Dreistigkeiten – neben den phallusbestückten „Krone"-Mädeln sind auch großformatige „Lehrtafeln" zu begutachten, auf denen Klitorisse zu Penissen metamorphieren – zu einem Katalogbeitrag mit dem Titel „Walter von der Vögelweide" veranlaßt. Desgleichen schwärmt Kunstforum-Chefin Ingried Brugger von Schmögners Obsessionen als „panerotischen Bildwelten". Und Helene Maimann verleiht in einem für den Katalog bestimmten Kurzessay ihrer Hoffnung Ausdruck, daß Schmögners verfremdete Mädeln den Blick der notorischen Seite-5-Betrachter „für immer verändern" mögen.

Nicht alle reißen sich freilich um einen Platz bei der Vernissage. „Bürgermeister Michael Häupl hat schon höflich abgesagt", registrierte Schmögner. „Ich bin schon gespannt, ob einzelne Regierungsmitglieder reagieren werden."

STAATSZERSETZER. Die Begleitmusik zum „Skandal" ist dem Zeichner und Sammler, der sich nicht nur für sexuelle Metamorphosen („Wir stammen alle von der Klitoris ab"), sondern auch leidenschaftlich für Auflösungs- und Verwesungsprozesse interessiert, bereits wohlvertraut. Als er etwa 1986 eine Briefmarke (Sonderpostmarkenserie, Nennwert öS 4,–) kreierte, die eine sich zersetzende Birne samt Madenkolonie vorstellte, war Schmögner schnell zum Kunstprovokateur und Staatszersetzer avanciert.

Zu Hause, so gibt der heute 58jährige, der sich auch als Bühnenbildner für Wolfgang-Bauer-Farcen und als Kinderbuchautor („Drachenbuch") verdient gemacht hat, gern preis, habe er eine Vitrine mit trocknendem und vertrocknetem Obst und Gemüse stehen. Daran würde ihm der Vorgang des Verfalls – „die Farben der verschiedenen Verschimmelungsstufen" – imponieren. Auch die Freß- und Verdauungsarbeit eines häuslichen Wurms („Ich habe ihn wegen seiner Schnelligkeit, mit der er sich durch die Zwetschken hindurcharbeitet, Gazellenwurm getauft") begeistert ihn.

In letzter Zeit arbeitet Walter Schmögner an Objekten, die er in Glasvitrinen ausstellt. Sie ähneln feingliedrigen Insekten oder Gerippen aus fernen Zeiten oder Universen. Sie sind aus Weidenruten, Hanf und Leim erschaffen. Ob sie seit Jahrtausenden verwittert sind oder lebendig, läßt sich nicht sagen. „Jedenfalls", so deutet Schmögner auf ein Weidenrutenspitzelchen samt zwei Haselnüssen, „sind Penis und Hodensack noch dran." **F**

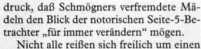

VERSUCHE AN MÄDELN: Von Walter Schmögner bearbeitetes „Krone"-Pin-up.

2001 Beitrag zur Ausstellung 21 Jahre Frühstücksarbeit im FORMAT

2002 Mit Petra im Club an der Grenze, Minihof Liebau,
Foto: Peter Allmayer-Beck

Rechts: 2001 Kirche St. Martin a. d.
Raab, Walter Pichler, Bischof Iby und
ich anlässlich der Firmung von meiner
Tochter Cathi. Foto: Hannes Spiegel

Unten: 1999 Taufe von meiner Tochter Marie,
Kirche St. Martin, mit Freunden und Familie

Thomas Bernhard
'Der Theatermacher'

Ernst Deutsch Theater

zu Gelb ebenso

Vorhang

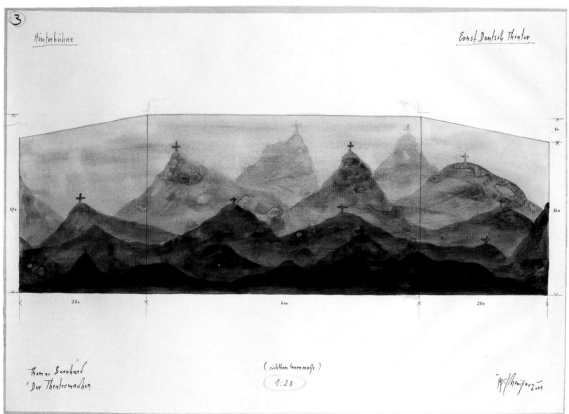

③ Hinterbühne

Ernst Deutsch Theater

2001
Bühnenbildskizzen zu
Thomas Bernhard,
Der Theatermacher,
Ernst Deutsch Theater,
Hamburg

Thomas Bernhard
'Der Theatermacher'

(sichtbar Innenmaße)

1:20

201

2003 Infeld-Haus der Kultur,
Ausstellungseröffnung durch
Klaus A. Schröder

2004 Das Mädchen, Acryl a.P., 30 x 42 cm

2001 Liebe, Tod & Teufel, Acryl a.P., 60 x 42 cm

2003 Mit Peter und Zdenka Infeld bei
der Vernissage. Fotos: Gerhard Kisser

2002 Unterirdische Treppenkreuzung, Acryl a.P., 146 x 90 cm

2002 Traum Nr. 102, M.T. a.P., 59 x 91 cm (Ausschnitt)
Einladung zur Ausstellung, Infeld-Haus der Kultur, Halbturn, 2003

„Zeitlose Architektur" – Fotoserie von Walter Schmögner

Oben rechts: 2004 Draßmarkt, Burgenland
Oben links: 1974 Heraklion, Kreta
Unten links: 2004 Draßmarkt
Unten rechts: 2005 Fladnitz, Steiermark

204

2006 Jennersdorf, Burgenland
Unten links: Parlament, Wien
Unten rechts: Jennersdorf, Raffel

2006 Sei still, ich höre was, Acryl und Kohle a.L., 100 x 130 cm

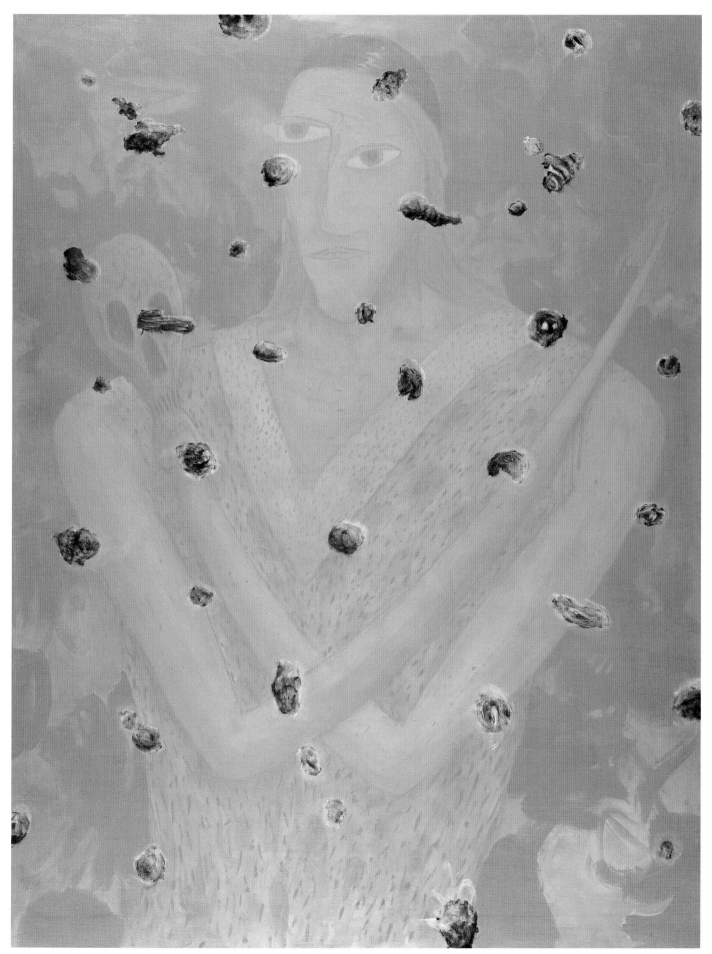

2005 Portrait eines Vergessenen, Acryl a.L., 170 x 130 cm

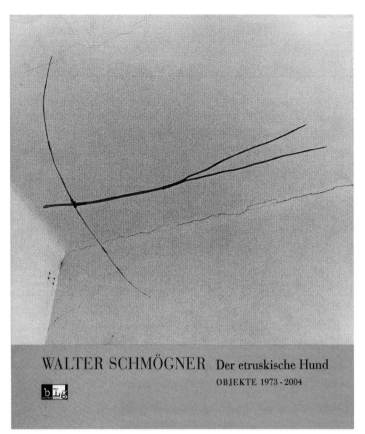

2004 Katalog zur Ausstellung in der Burgenländischen
Landesgalerie, Eisenstadt. Verlag Jung und Jung, Salzburg

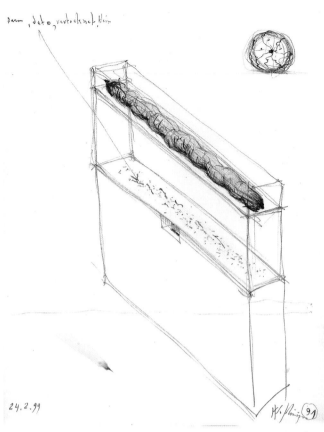

2000 Darm, M.T. a.P., 60 x 90 cm (aus dem Katalog zur Ausstellung)

Unten: 1999 Skizze zum Objekt Darm, M.T. a.P., 28 x 23 cm

2006 Plakat zur Ausstellung, Walther-Haus, Bozen,
Abb.: 2002 Der Läufer, M.T., 132 x 92 x 14 cm

2005 Plakat zur Ausstellung, Art-Room-Würth
Abb.: 2005 Ich lasse meine Augen in Unschuld bürsten,
M.T. a.L., 200 x 150 cm

1999 Gotischer Hermaphrodit, Objekt 105 x 143 x 61 cm

2006 Vernissagefest im Art-Room-Würth
mit Manfred Deix, Peter Kreisky,
Marietta Deix, Marie Schmögner und
Harri Stojka. Fotos: Petra Schmögner

2007 Protestplakat für die Wiener
Weltkonferenz gegen Streubomben.
Foto: Petra Schmögner

2007 Jazzlesung mit Gert Jonke, Ingrid Ahrer, Limmitationes, Ruderdorf

2006 Ausstellungseröffnung mit Adolf Frohner und Gattin
in der Galerie Gölles, Fürstenfeld. Foto: Werner Schmid

2007 Ausstellungseröffnung Franz Ringel in der Galerie Gölles, mit Martha Jungwirth, Heinrich Steineck und mir

2006 Mein Freund Ernst Trawöger,
Innsbruck. Fotos: Petra Schmögner

1986 Mondgebet,
Acryl a.L., 70 x 100 cm

WALTER SCHMÖGNER
Nichts ist wie es scheint

St. Peter an der Sperr
Johannes von Nepomuk-Platz
Wiener Neustadt
5. Mai bis 10. Juni 2007, tägl. von 10 bis 18 Uhr

2007 Plakat zur Ausstellung

Unten links: 2002 Sheherezade,
M.T. a.P., 60 x 90 cm

Unten rechts: Joseph Lorenz und
Wolfgang Hübsch bei meiner
Vernissage. Foto: Petra Schmögner

2006 Obergeschoß, Atelier Neumarkt a.d. Raab

2007 Schmögner-Haus, Atelierbereich mit Terrasse

2007 Gemüsegarten, Ostseite

2011 Mexicoplatz nach dem Umbau

2008 40 Jahre Kulturverein Neumarkt a. d. Raab, Session mit Harri Stojka und Claudius Jelinek. Foto: Alfred Granitz

2007 Hinterseite des Marterls bei meinem Haus. Zu dieser Zeit habe ich diesen längst fälligen Davidstern angebracht.

215

1990 Mexico-Zyklus, Xochicalco, Acryl a.L., 80 x 100 cm

1984 Haus in Neumarkt a. d. Raab, Zustand beim Ankauf. *Unten:* Der Innenhof im Jahre 2010

SCHRECKGESPENST EU
Illustration von Walter
Schmögner

Ein veruntreuter Kontinent

Europa wird von österreichischen Politikern für ihre Parteiinteressen missbraucht. Ein Resümee VON JOHANNES VOGGENHUBER

Wer je den Einbruch der Nacht in den Tropen erlebt hat, kennt dieses plötzliche Versinken einer eben noch vertrauten Welt in hermetische Dunkelheit. Gespenstischer Lärm bricht unvermittelt los. Nur erfahrene Leute können die Geräusche unterscheiden und die Laute deuten. Sie

Waren es denn nicht ebendiese »Herren der Verträge«, die, indem sich einer europäischen Sozialunion verweigerten, erst das Ungleichgewicht zwischen dem Europa des Geldes und dem politischen Europa herbeiführt hatten? Waren es nicht sie, die Europa für ihre marktradikalen Deregulierungsziele instrumentalisierten, für die

de der Part des edlen Ritters, der diesen Fluch lösen und das Ungeheuer zur Strecke bringen soll, jetzt mit einem Herrn Strache nachbesetzt.

Unter Kanzlern und Außenministern von ÖVP und SPÖ ist Österreich in den letzten einhalb Jahrzehnten an die politische Peripherie Europas abgedriftet, anstatt zu den Gründungs-

Schüsels Vorstellung von einer besonderen »strategischen Partnerschaft« Österreichs mit den mittel- und osteuropäischen Ländern wurde von den noch jungen Mitgliedsstaaten als Versuch des Paternalismus zurückgewiesen. Nicht nur fehlte Österreich jede Voraussetzung dazu, die Reformstaaten hatten überhaupt keinen Bedarf für irgend-

Behirnen Sie das mal!

Beruhigend, es gibt in stürmischen Zeiten noch Positionen, die sich keinen Millimeter verrücken lassen. Die Standesvertretung der Lehrer etwa trotzt weiterhin erbittert der eisernen Lady aus dem Unterrichtsministerium, die, ursprünglich aus dem Bankwesen kommend, ihre Kompetenz für das neue Amt von ihrem eigenen Schulbesuch ableitete. Wahrscheinlich fordert sie deshalb, Lehrer sollten zwei Wochenstunden länger unterrichten. Späte Rache vielleicht. Angesichts der Kurzarbeit, die jetzt häufig eingeführt wird, klingt das ein wenig anachronistisch und Gewerkschafter würden diesen Schritt wohl begrüßen, beträfe er nicht die eigenen Reihen. Der Vorsitzende der ARGE Lehrer analysierte hingegen: »Das muss

ALFRED DORFER
weiß, wie der nächste
Pisa-Test erfolgreich
bestanden werden
könnte

doch schönlangsam ein jeder behirnen, dass hier eine ganze Berufsgruppe verarscht wird.« Nicht nur der geschliffene Tonfall erinnerte an die seligen Tage der Bonzen, auch die charmante Emotion, die hier das kühle Argument ersetzt. Wenn man nun diesen argen Lehrer symptomatisch für den Großteil seiner Kollegen ansähe, wäre vielleicht eine Erhöhung der Unterrichtszeit doch ratsam. Dann wären nämlich unsere Schüler zwei Stunden länger mit dem Weltbild des Mittelalters konfrontiert, mit wichtigen Werten, wie es Standesdenken oder das Festhalten am Überkommenen sind. Für künftige Pisa-Studien sicher von Vorteil. Doch ist es ungerecht, der Lehrerschaft nur Immobilität zu unterstellen. Man drohte dieser Tage mit einem Blitzstreik und widerlegte so die Gesetze der Physik. Auch Beton lässt sich offenbar bewegen. Fragt sich nur: in welche Richtung?

2009 Die Zeit, Österreich-Seiten. Zwei Beispiele von Illustrationen zu Texten von Johannes Voggenhuber, im Auftrag von Joachim Riedl

ÖSTERREICH kappt
wieder einmal die Fäden
zur EU. Zeichnung von
Walter Schmögner

Die Vertreibung des Gewissens

Die Abstimmung über europäische Asylrichtlinien ist eine exemplarische Geschichte der politischen Feigheit VON JOHANNES VOGGENHUBER

Das Gewissen ist ein scheues Wild. Meist nimmt man es erst wahr, wenn es panisch seine Deckung verlässt und die Flucht ergreift. Bei vielen österreichischen Politikern genügt heute schon ein dumpfes Rauschen in der Krone des Blätterwaldes, damit es mitsamt seinen tiefsten Überzeugungen Reißaus nimmt.

sein. Die geltende Richtlinie aus dem Jahr 2003 hatte sich nach einhelligem Urteil als unzureichend herausgestellt. Allen diesen Beschlüssen stimmte auch Österreich zu.

Im November 2007 legte dann die Kommission einen großen Bericht über die Umsetzung des europäischen Rechts und der gemeinsamen Beschlüsse in der Asylpolitik durch die einzelnen Mitglied-

schlossen sich Swoboda an. Nachdem er bereits vor einem Jahr dem berühmt gewordenen Leserbrief von Alfred Gusenbauer und Werner Faymann an den Herausgeber der Kronen Zeitung zugestimmt und anschließend seiner vehementen Befürwortung eines Beitritts der Türkei zur EU abgeschworen hatte, unterwarf sich Swoboda somit zum dritten Mal der neuen Parteilinie aus Wien.

votierte ebenfalls mit Nein, im Gegensatz zu 88 Prozent seiner europäischen Fraktion. Öffentlich erklärte er: »Der Entwurf begünstigt den Asylmissbrauch.« Einen Hinweis darauf, wie dies der Anwendung von menschenrechtlichen Mindeststandards gelingen könnte, gab er nicht.

Weder Karas noch Swoboda äußerten ihre Kritik jemals im Europäischen Parlament. An

Helden der Arbeit

Man hört und staunt: 140 der 183 Nationalratsabgeordneten gehen einem oder mehreren Nebenjobs nach. Angesichts des skandalös niedrigen Grundgehalts von monatlich 8160 Euro eine verständliche Entwicklung. Nicht der finanzielle Aspekt scheint aber ausschlaggebend dafür zu sein, wenn Volksvertreter kein Fulltime-Job mehr sein kann. Vielmehr dürften sie mit ihrem Mandat offenbar nicht ausgelastet sein und suchen daher eine Herausforderung außerhalb des Parlaments. Erhellend also, wenn ÖVP-Abgeordneter Ferry Maier (nur vier Nebenjobs) erklärt: »Ich habe keine Nebenjobs, mein Hauptjob ist der zivile Beruf beim Raiffeisenverband. Darüber hinaus bin ich Nationalratsabgeordneter.« Politik als

ALFRED DORFER
bewundert Politiker,
die in der Lage sind,
ein gewaltiges Arbeits-
pensum zu bewältigen

Nebenerwerb, das ist weniger überraschend, als es auf den ersten Blick scheint. Auch die Bundesratsmitglieder sind größtenteils nicht hauptberuflich Politiker. Angesichts der Machtfülle der Länderkammer scheint es logisch, dass besondere Nachfrage nach dieser Elitetruppe besteht. So muss der Schlossbesitzer Georg Spiegelfeld-Schneeburg, ebenfalls von der ÖVP, gleich neun Nebenjobs ausfüllen, was lediglich für seine professionelle Qualität spricht. »Geht sich locker aus«, meint ein anderer Kollege mit drei Nebenerwerben. Außerdem stehe es ja jedem frei, seinen mickrigen Vierzigstundenwochenlohn durch drei oder vier Nebeneinkünfte aufzubessern. Das wären dann zwar rund 200 Wochenstunden, die ließen sich mit gutem Willen aber bewältigen. Nur Neid könne da aus dem normalen Arbeitnehmer sprechen, der dies merkwürdig findet – meint der Tüchtige.

2007 bis 2011 Eine Auswahl von CO&MIX aus dem Album „Der Standard", Wien

2007 bis 2011 Eine Auswahl von CO&MIX aus dem Album „Der Standard", Wien

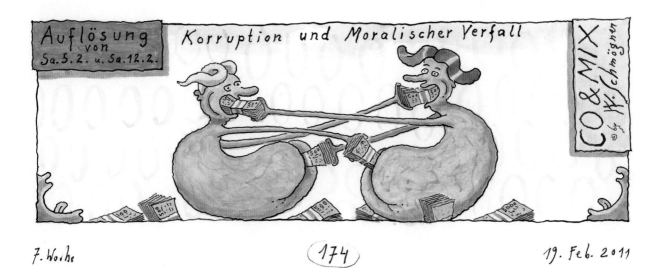

2007 bis 2011 Eine Auswahl von CO&MIX aus dem Album „Der Standard", Wien

44.Woche   (106)   31. Okt. 09

4. Woche   (119)   30. Jan 10

26.Woche   (141)   3. Juli 10

2007 bis 2011 Eine Auswahl von CO&MIX aus dem Album „Der Standard", Wien

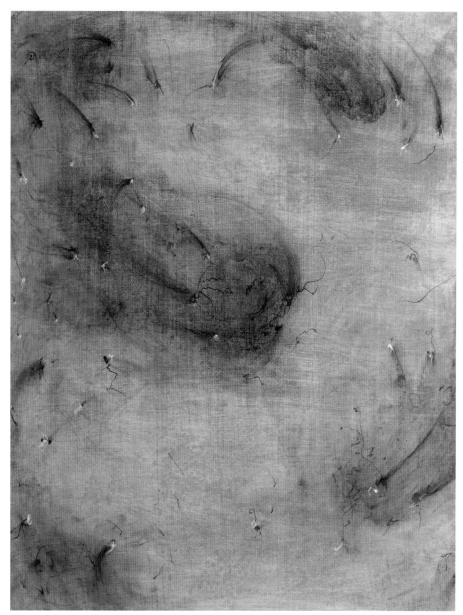

2007 Sturmzyklus, Halbinseln, M.T. a.P., 65 x 50 cm

2010 Reaktionen auf den CO&MIX, „Der Standard"

223

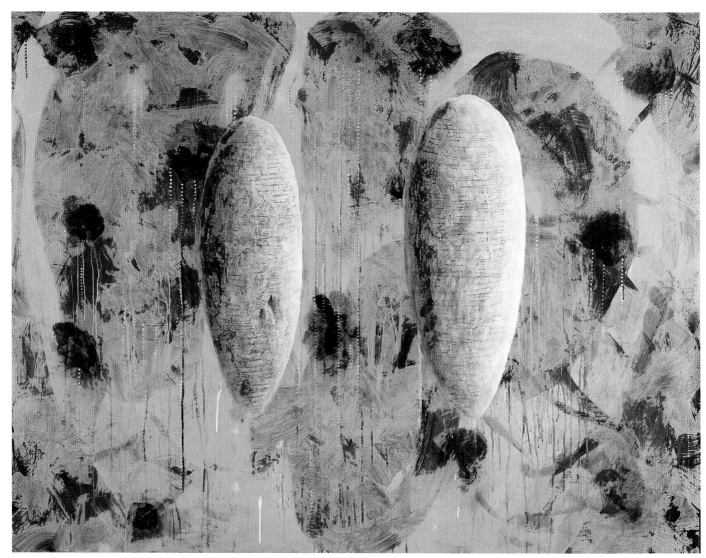

2010 Two Big Cocoons, Acryl a.L., 180 x 130 cm

2010 Schwarzafrika, Acryl a.L., 100 x 70 cm

2009 Venus von Neumarkt (Arbeitszustand)

2010 Lagerraum mit drei Objekten.
Vorne: 2009 Harold and Maude, M.T., 50 x 60 x 30 cm
Mitte: 2009 Venus von Neumarkt, M.T., 60 x 40 x 40 cm
Rechts: 2009 Roswitha, M.T., 40 x 26 x 26 cm

2010 Der Stadtneurotiker
(Arbeitsprozess),
Acryl a.P., 65 x 50 cm

2010 Arbeitsprozess Säulenheilige

2011 Detailansicht Säulenheilige

2011 Objekt Säulenheilige, M.T., 210 x 50 x 50 cm. Foto: Erwin Muik

Unterirdischer Tempel

2002 Unterirdischer Tempel, Graphitstift a.P., 90 x 130 cm

2008 Selbstportrait – 50 Jahre später, Acryl a.L., 100 x 70 cm

1943 ganz schön geboren worden.

Und das in Wien.

Sofort Linkshänder.

Bis 10 Daumenlutscher.

Ab 14 „La Favorite"-Raucher.

Dann „Smart"-Raucher.

Später dann „Smart Export"-Raucher.

Jetzt „Peter Stuyvesant"-Raucher.

Mit 16 das erste Mal von einer Frau verführt worden.

Mit 20 schon ziemlich fleißiger Grafiker.

Mit 21 werde ich Vater eines Sohnes, der weder
Linkshänder ist, noch Daumen lutscht, noch raucht.

Mit 25 werde ich zum zweiten Mal geheiratet.

Mit 26 bin ich schon ziemlich bekannt.

Ich liebe Arbeiten von Claes Oldenburg, besonders die
Baseball-Schuhe und die weiche Schreibmaschine.

Mit 27 verfasse ich mein noch nicht veröffentlichtes
Hauptwerk „Das achte Weltwunder".

Natur ohne Architektur ist mir zuwider.

Durch solche Aussprüche bin ich mit 30 Jahren
rechtschaffen berühmt.

Salvador Dali sagt über mich: „Ich weiß nicht, ob man
neben so einem Genie noch weiter existieren kann!"

Bob Hope besucht mich in Wien.

Mit 35 werde ich Ehrenbürger der Stadt Wien.

Jetzt schon fast zu berühmt.

Wien wird endlich in ein Museum umgewandelt.

Mit 37 lasse ich mich im Ausland nieder, um nicht zum
Museumsinventar zu gehören.

Mit 38 heiratet mich Peggy Guggenheim.

Mit 40 kann ich kaum mehr auf die Straße, ohne von
fanatischen Verehrern ganz erdrückt zu werden.

Mit 50 wird meine linke Hand etwas steif. Meine ersten
Versuche rechts zu zeichnen.

Mit 60 lässt Verehrerpost nach.

Lege mir einen Rehrattler zu und besuche mit ihm des
öfteren das Museum Wien.

Museum Wien wird auf Museum Österreich erweitert.

Mit 82 stirbt mein Rehrattler. Lege mir einen Pintscher zu.
Der ist nicht zu heikel.

Bin nicht mehr so berühmt.

Mit 85 bin ich ziemlich alt.

Mein Hund frisst zu viel.

Mit 90 bin ich rechtschaffen alt.

Bin gar nicht mehr berühmt.

Hund stirbt an Herzverfettung.

Ich zittere schon heftig. Meinen Hund lasse ich ausstopfen.

Mit 95 schreibe ich mein Testament. Möchte mich auch
gerne ausstopfen lassen.

1995 Ich, liegend, auflösend, M.T. a.P., 63 x 49 cm

Mein Lebenslauf, Wien, 11. Juni 1970

Walter Schmögner. Geboren am 11.6.1943 in Wien, Kindheit in Toledo/Spanien.
Akademische Ausbildung zum Graphiker in Wien.
Arbeitet als Maler, Zeichner, Buchkünstler, Bildhauer und Bühnenausstatter.
Längere Auslandsaufenthalte in Frankfurt a.M., Paris, New York, Hamburg, Zürich, München, London.
Zahlreiche Studienreisen quer durch Italien und Spanien und Nordafrika.
Lebt und arbeitet in Wien und im Südburgenland.
Wöchentlicher Comic im Standard (Album): Co & Mix by Walter Schmögner

2012
- Ausstellungsbeteiligung Museum der Moderne Salzburg, „Ich & Ich"-
  Selbstporträts aus der Sammlung, 1. März bis 1. Juli 2012
- Ausstellung „99 Original - Co & Mix by Walter Schmögner"
  Kunstverein Paradigma, Linz, März/April 2012

2011
- Ausstellungsbeteiligung Sammlung Leopold II „The excitement
  continues" – 10 Jahre Leopold Museum Wien, Okt. 2011 – Jan. 2012
- Ausstellung „Sei still, ich höre was" Kunsthandlung
  Christine Ernst, Wien, Nov./Dez. 2011
- Benefizausstellung 75 Unikatgrafiken von Kurt Zein „Raum für
  Verdächtige" zu Gunsten des Wiener Roten Kreuzes im MUSA,
  Wien, 21. November 2011
- Juni 2011 erscheint das Buch „Ein verücktes Huhn"
  (Text: Heinz Janisch) im Residenz Verlag, St. Pölten
- Ausstellung „The catcher of the eye" Galerie
  Welz, Salzburg, März/April 2011

2010
- Ausstellung aus der Sammlung Infeld, Festsaal
  Amtshaus Wien-Margareten Sept./Okt. 2010
- 5. März 2010 Präsentation der Vorzugsausgabe zum Film „Walter
  Schmögner's Wunderwelt" ein Film von Georg Lhotsky, Musik von
  Harri Stojka Leinenmappe mit DVD, 74 Minuten und handcolorierter
  Lithographie „Guten Tag", 2009 Auflage 35 Stück, Edition Peter Kasperak
  Susanne Widl's Art Lounge, Cafe Korb, Wien
- „Druckgraphische Raritäten 1967 – 2009" 10. 2. 2010
  Gutruf, Wien – Galerie im Hinterzimmer

2009
- Ausstellung Galeria Arcis, Sárvár, Ungarn Juli 2009
- Am 7. Juni 2009 sendet 3sat das Filmportrait „Walter Schmögner's
  Wunderwelt" (ein Film von Georg Lhotsky mit Musik von Harri Stojka)
- Ausstattung zu „Der Brandtner Kaspar und das ewig' Leben" auf Burg
  Güssing in der Inszenierung von Frank Hoffmann, Premiere: 26. Juni
- „Die Venus von Neumarkt – Zeichnung, Malerei, Objekte – 1999 bis
  2009" 19. Mai bis 25. Juni Galerie Thiele, Linz (Kulturhauptstadt 2009)
- Ausstellung und Filmpräsentation „Walter Schmögner's
  Wunderwelt" in der Galerie Elisabeth Michitsch, Wien
- Ausstellungsbeteiligung „Tierisch komisch", Karikaturmuseum,
  Krems, 5. April bis 8. November 2009

2008
- Ausstellungsbeteiligung „Nach 1970", Albertina, Wien (Katalog)
- Ausstellungsbeteiligung Neueröffnung Museum Liaunig, Kärnten (Katalog)
- Bühnenbild zu „Anatol" für das Landestheater Niederösterreich,

St. Pölten in der Inszenierung von Joseph Lorenz
- Lesungen im Rahmen der Bookolino Graz, „Rund um die Burg",
  Wien und KIJUBU, St. Pölten
- Ausstattung zu „Wie es euch gefällt", Das Wiener
  Kindertheater im Studio Molière, Wien
- „Als die Stifte brannten" Ausstellung in der Galerie Wolfgang Exner, Wien
- „Plakate aus 5 Jahrzehnten – 5 évtized plakátai",
  Nádasdy Burg von Sárvár, Ungarn
- Ausstellung und Weinpräsentation „Cuvée limmitationes 2008"
  (Etikett von W.S.) im Weingut Schützenhof, Deutsch Schützen

2007
- 19. Oktober Burgenländische Landesgalerie Eisenstadt, Ausstellung
  und Präsentation des Kunstkalenders der Firma Kenad & Danek
- 1. September „Erotische Arbeiten, Paris – Wien – Neumarkt"
  im MuTabor, Museum der anderen Art im Schloss Tabor,
  Neuhaus am Klausenbach, www.schloss-tabor.at
- 13. Juni Buchpräsentation „Das Drachenbuch" im
  Kirango – Hauptbücherei Wien am Gürtel
- 1. Juni „Tagebuch – Zeichnungen" im Kunstraum Dr. David, Wien
- 17. Mai „Ausstellungs- und Theaterplakate" im Rahmen der
  Weinpräsentation „Cuvée limmitationes 2007" (Etikett von
  W.S.) im Weingut Schützenhof, Deutsch Schützen
- 16. Mai Buchpräsentation „Das Drachenbuch" in
  der Stadtbücherei Wiener Neustadt
- 4. Mai „Nichts ist wie es scheint" in der Kunsthalle
  St. Peter an der Sperr, Wiener Neustadt
- 3. Mai Ausstellungsbeteiligung „Die Kunst der
  Verführung – von Schiele bis Warhol" im Minoritenkloster Tulln
- 7. März Zweisprachige Buchpräsentation „Das Drachenbuch –
  Sárkánykönyv" in der Mora Ferenc Bibliothek Szentgotthárd, Ungarn
- 2. Feber Buchpräsentation „Das Drachenbuch"
  im Literaturhaus Mattersburg

2006
- „Das Drachenbuch" erscheint in einer Neuauflage
  im Residenz Verlag, St. Pölten–Wien
- 17. Oktober Galerie Welz, Salzburg
- 20. Juli „Der Schwejk" im, Rahmen der Rittner Sommerspiele
  in der Kommende Lengmoos (Südtirol)
- 22. Juni „Gedankenjäger" in der Galerie Elisabeth Michitsch, Wien
- 20. Mai Ausstellung und Weinpräsentation „Cuvée limmitationes 2006"
  (Etikett von W.S.) im Weingut Schützenhof, Deutsch Schützen

2005
- 12. Dezember Ausstellungseröffnung im Artroom Würth,
  Böheimkirchen (Katalog). Musik: Harri Stojka & Band

2008 Atelierwand mit Plakaten. Dieses Fotomotiv wurde verwendet für die Einladung zur Ausstellung „Plakate aus 5 Jahrzehnten", Galerie in der Nádasdy-Burg von Sárvár, Ungarn

2004
- „Der Bär auf dem Försterball" von Peter Hacks und Walter Schmögner erscheint in einer Neuauflage im Eulenspiegel Verlag, Berlin Gestaltung des Herbstprogrammes „Spätlese" des neuen Residenz Verlages Salzburg–St. Pölten
- „Making.nature" – Ausstellungsbeteiligung in der Galerie OÖ Kunstverein, Linz
- Zusammenarbeit mit dem Joint Institute for Nuclear Astrophysics der University of Notre Dame, Indiana. JINA beschäftigt sich im Wesentlichen mit Fragen der Nukleosynthese und Energieerzeugung in Sternen und stellaren Explosionen von Big Bang zur Supernova. Es ist ein Physics Frontier Center der US National Science Foundation. „Das Unendliche Buch", 1973 dient hier in einer filmischen Aufbereitung für die Web Site des Instituts als Mittel, um komplizierte Wissenschaftsverhältnisse verständlich zu machen, um mikrophysikalische Fragestellungen im makrophysikalischen Bereich zu erklären. www.jinaweb.org/start.html oder www.jinaweb.org/startmovie.html
- „Ein Überblick", Galerie 1990, Eisenstadt
- „Der Etruskische Hund – Objekte 1999 – 2004" in der Burgenländischen Landesgalerie, Eisenstadt Zur Ausstellung in der Landesgalerie erscheint der Katalog „Der Etruskische Hund Objekte 1973 – 2004" im Verlag Jung und Jung, Salzburg
- „12 Jahre" in der Galerie Gölles, Fürstenfeld
- „Hirnzyklus 04 etc." Galerie Contact im Palais Rottal, Wien

2003
- Buchpräsentation und Fotoausstellung „Schmoegner und das indiskrete Licht" im Café Korb, Wien
- Gastprofessur an der Europäischen Journalismus Akademie, Wien
- Galerie Welz, Salzburg „Eine Absichtliche Auswahl", neue Arbeiten
- Fotoausstellung und Buchpräsentation „Schmoegner und das indiskrete Licht", Triton Verlag, Wien, Club an der Grenze, Südburgenland
- Rainer Rosenberg und Petra Herczeg gestalten eine Sendung über Walter Schmögner für die Ö1 Reihe „Menschenbilder"
- Ausstellung der Schmögnerschen Tee-Kollektion für Demmer Tee im „High Tea"
- „Zeichnungen und Gemälde" im Infeld Haus der Kultur, Halbturn, Zur Ausstellung spricht Dr. Klaus Albrecht Schröder, Albertina Wien

- Das Buch „Aus dem poetischen Hirnkasten" von W.A. Mozart erscheint mit zahlreichen Illustrationen von Walter Schmögner im Verlag Jung und Jung, Salzburg-Wien

2002
- Antiquariat Buch & Wein (Kulturverein Schäffergasse, Wien), „Walter Schmögner und Joseph Lorenz lesen Texte von Walter Schmögner"
- „Zarter Aufstieg", Ausstellung in der British Airways Lounge, Flughafen Wien
- Das Buch „Mrs. Beestons Tierklinik" von Renée Nebehay mit Bildern von Walter Schmögner erscheint in einer Neuauflage im NP-Buchverlag, St. Pölten–Wien
- Ausstattung zu „Der Theatermacher" von Thomas Bernhard, Ernst-Deutsch-Theater, Hamburg
- Galerie Thiele, Linz, „Die Kopfsammlung und andere Seltsamkeiten"

2001
- Freilichtmuseum Ensemble Gerersdorf, „Ein Überblick"
- Galerie Hofstätter „21 Jahre Frühstücksarbeit", erotische Arbeiten 1979 – 2001
- Galerie Contact im Palais Rottal, Wien; „Seelenbilder"
- Ausstellungsbeteiligung Szépmüvészeti Muzeum, Budapest

2000
- Ausstellungsbeteiligung Rupertinum, Salzburg „Die Intelligenz der Hand" (Katalog)
- Gastprofessur an der Internationalen Sommerakademie Salzburg in El Cabrito, La Gomera, Klasse Malerei
- Ausstellungsbeteiligung in der Graphischen Sammlung Albertina in Zusammenarbeit mit der Galerie Martin Suppan (Katalog)

1999
- Gastprofessur an der Internationalen Sommerakademie Salzburg in El Cabrito, La Gomera, Klasse Zeichnung und Malerei
- „Das Drachenbuch" erscheint in einer Neuauflage nach 30 Jahren zum 100-jährigen Jubiläum des Insel Verlages, Frankfurt a.M. Galerie Ammering, Ried im Innkreis
- Das Buch „Goethes schlechteste Gedichte", mit Zeichnungen von Walter Schmögner erscheint im Residenz Verlag, Salzburg

1998

- Das Buch „Konrad Vogels Neues Tierleben", herausgegeben von Friedrich C. Heller und Walter Schmögner erscheint in einer Neuauflage im Verlag Christian Brandstätter, Wien – München und wird ausgezeichnet als „Schönstes Buch Österreichs". Buchpräsentation und Begleitausstellung im Naturhistorischen Museum, Wien
- Galerie der Stadt Salzburg im Mirabellgarten
- Gastprofessur an der Sommerakademie Salzburg, Klasse Zeichnung und Illustration
- Galerie Welz, Salzburg
- Galerie Frank Pages, Baden Baden
- Bei der Diagonale 98, Festival des österreichischen Films werden Experimentalfilme von Walter Schmögner unter dem Titel „Kunsttransfer 2" gezeigt

1997

- 3sat und ORF senden in der Reihe „Artgenossen" das 45-Minuten-Portrait „Unterwegs zur Mitte"
- Galerie Contact, im Palais Rottal, Wien
- Retrospektive 1963 – 1996, Historisches Museum der Stadt Wien (Katalog)

1996

- Die Monographie „Walter Schmögner", Arbeiten von 1963 – 1995 erscheint im Residenz Verlag, Salzburg und wurde ausgezeichnet mit dem ORF-Preis „Buch des Monats" Buchpräsentation im Kunstforum der Bank Austria, Wien
- Ein Jahr lang erscheinen wöchentlich „Co&Mix" Zeichnungen im Standard
- Ausstellungsbeteiligung „Das Jahrzehnt der Malerei", National Gallery of Modern Art im Jaipur Haus, New Delhi, Indien

1995

- Ausstattung zu „Schwejk", Inszenierung Wolfgang Hübsch, Volkstheater Wien
- Galerie Menotti, Baden bei Wien
- Kunsthalle Frauenbad, Baden bei Wien, Neue Arbeiten

1994

- Ausstattung zu Brian Friels „Der Wunderheiler", Inszenierung Wolfgang Hübsch, Volkstheater, Wien

1993

- Ausstattung zu Wolfgang Bauers „Die Kantine – Capriccio à la Habsburg", Uraufführung, Inszenierung Karl Paryla, Schauspielhaus Graz
- Galerie Welz, Salzburg

1992

- Rupertinum, Salzburg, Arbeiten von 1980 – 1992
- Ausstellungsbeteiligung „Identität: Differenz", Tribüne Trigon, Steirischer Herbst, Neue Galerie Graz (Katalog)
- Ausstellungsbeteiligung „Das Jahrzehnt der Malerei", Szépmüveszeti Múzeum, Budapest

1991

- Galerie Thomas Flora, Innsbruck (Katalog)
- Ausstellungsbeteiligung „Das Jahrzehnt der Malerei", Kunstforum Wien (Katalog)
- Ausstellung „Magische Räume", Schirn Kunsthalle, Frankfurt a.M.
- Der Katalog „Magische Räume" erscheint im Insel Verlag, Frankfurt a.M.

1990

- Galerie Ammering, Ried im Innkreis
- Galerie am Edelhof, Eisenstadt

1989

- „Das 12. Tagebuch" erscheint in der Edition Seitenberg, Wien Galerie Heike Curtze, Wien (Plakat)

1988

- Illustration und Buchgestaltung „Das Liederbuch", Michael Korth, Bärenreiter Verlag, Kassel
- Gastprofessur an der Fachhochschule Hamburg

1987

- Galerie Hanns Christian Hoschek, Graz
- Ausstattung zu Peter Ronnefelds „Nachtausgabe", Inszenierung Wolfgang Weber, Staatsoper im Künstlerhaus, Wien (Programmheft/Nachtausgabe)

1986

- Briefmarke „Faule Birne" (Serie „Moderne Kunst in Österreich") Galerie Würthle, Wien (Katalog)

1983

- „Die Welle", Galerie der Stadt Iserlohn
- Das Buch „Konrad Vogels Neues Tierleben", herausgegeben von Friedrich C. Heller und Walter Schmögner erscheint als Taschenbuch im Insel Verlag, Frankfurt a.M.
- Galerie Würthle, Wien (Katalog)

1982

- Galerie der Zeichner, München

1981

- „Das Neue Drachenbuch" erscheint im Insel Verlag, Frankfurt a.M.
- NöArt Galerie, Wien

1980

- Illustration und Buchgestaltung „Das Ende der Welt", Robert Walser, erscheint im Insel Verlag, Frankfurt a.M.
- Das Buch „Der Traum vom Rückenwind" Geschichten und Fotografien erscheint im Insel Verlag, Frankfurt a.M. und wird ausgezeichnet mit dem Kodak Fotopreis Galerie Kammer, Hamburg
- Kommunale Galerie, Frankfurt a.M.
- Galerie Paul Facchetti, Zürich
- Die „Lustmappe" mit sechs Radierungen, Galerie Bloch, Innsbruck

2003 Sohn Thomas Schmögner.
Foto: Wolfgang Karner

2009 Tochter Marie Schmögner mit „Lilli"

2008 Tochter Cathi Schmögner.
Foto: Franzi Helmreich

1979
- Galerie Haus 11, Karlsruhe
- Galerie Paul Facchetti, Paris

1978
- Galerie Würthle, Wien
- Galerie Goller und Grill, München
- Der Kunstband „Zeit zum Aufbrechen", Bilder, Zeichnungen
  und Objekte von 1973 – 1978 sowie eine Luxusausgabe
  mit einer Farbradierung (150 Exemplare) erscheinen
  im Insel Verlag, Frankfurt a.M.

1977
- Galerie Brandstätter & Cie., Wien
- Ausstattung zu Gerhard Roths „Sehnsucht"
  (Steirischer Herbst), Inszenierung Wolfgang Bauer
- Ausstellung im Kulturhaus Graz (Katalog)
- Illustration und Buchgestaltung „Die Stadt", Hermann Hesse,
  Insel Verlag, Frankfurt a.M.

1976
- Galerie Haus 11, Karlsruhe
- Galerie Bloch, Innsbruck (Katalog)
- Galerie Jasa Fine Arts, München (Katalog)
- Der ORF sendet in der Reihe „Kunst des Jahrhunderts"
  das Portrait „Mit den Träumen leben" (45 Min.)
- Ausstellung (Werke aus 12 Jahren) in der Graphischen
  Sammlung Albertina, Wien (Katalog)

1975
Ausstellung in der Hamburger Bücherstube Felix Jud & Co

1974
- „Das Guten Tag Buch" erscheint im Insel Verlag, Frankfurt a.M.
- Galerie Bloch, Innsbruck
- Galerie Wolfgang Gurlitt, München

1973
- Gemeinsame Ausstellung mit meinem Vater Theobald Schmögner
  in der Galerie Gras, Wien
- Der ORF sendet in der Serie „Impulse" den Experimentalfilm
  „Fenster vor den Wolken" (30 Min.)
- „Das unendliche Buch" erscheint im Insel Verlag, Frankfurt a.M.
- Der Kunstband „W. Schmögner" – Arbeiten von
  1969 – 1973 und Luxusausgabe mit einer Farbradierung
  (150 Exemplare), Insel Verlag, Frankfurt a.M.

1972
- Illustration und Buchgestaltung „Der Bär auf dem Försterball",
  Peter Hacks, Verlag Gertraud Middelhauve, München – Köln
- „Das Etikettenbuch" erscheint im Insel Verlag, Frankfurt a.M.
  und wird mit dem deutschen Buchkunstpreis ausgezeichnet
- Ausstellungsbeteiligung im Musée d'art Moderne, Paris, Kunsthalle
  Recklinghausen, Kunsthaus Zürich, Kulturhaus Graz

1971
- Illustration und Buchgestaltung „Mrs. Beestons Tierklinik",
  Renée Nebehay, im Verlag Jugend & Volk, Wien – München
- Deutscher Jugendliteraturpreis des Bundesministeriums
  für Frauen und Jugend in Bonn
- Galerie Schlégl, Zürich
- Galerie C. G. Conzen, Düsseldorf
- Galerie Wolfgang Gurlitt, München

1970
- Galerie Pethner-Lichtenfels, Wien
- Ausstellungsbeteiligung im Museum des 20. Jahrhunderts, Wien
  „Das Ploppwu-u-umwhaaash" und das „Traumbuch für Kinder", mit Texten

2012 Selbstportrait, M.T. a.P., 70 x 50 cm

von Friedrich C. Heller erscheinen im Insel Verlag, Frankfurt a.M. und
werden beide mit dem deutschen Buchkunstpreis ausgezeichnet.
Der Kunstband „Böse Bilder" mit braven Worten von H.C. Artmann
erscheint im Verlag Jugend & Volk, Wien – München (Sonderausgabe
mit zwei Radierungen, Auflage: 50 Exemplare) Ankündigung

1969
- „Das Drachenbuch" erscheint im Insel Verlag, Frankfurt a.M. (übersetzt in
  12 Sprachen) und wird mit dem deutschen Buchkunstpreis ausgezeichnet.

1967
- Galerie Christian Nebehay, Wien

1966
- Ausstellung „Humor Satire Ironie" im
  internationalen Künstlerclub in Wien

1964
- Ausstattung zu Herzmanovsky-Orlandos „Der Gaulschreck
  im Rosennetz", Inszenierung Herbert Lederer

1963
- Erste Ausstellung mit Federzeichnungen in der Galerie 33 Stufen in Wien

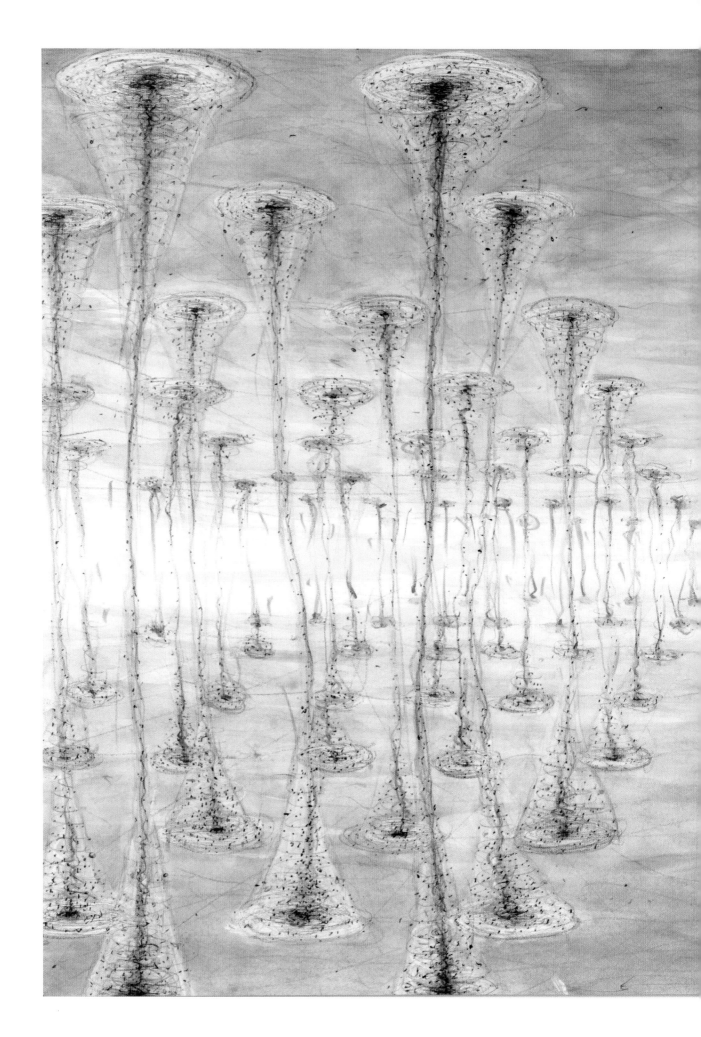

236

Vorhalle zum Himmel, K. Schmieg m 03

2003 Vorhalle zum Himmel, M.T. a.P., 70 x 100 cm

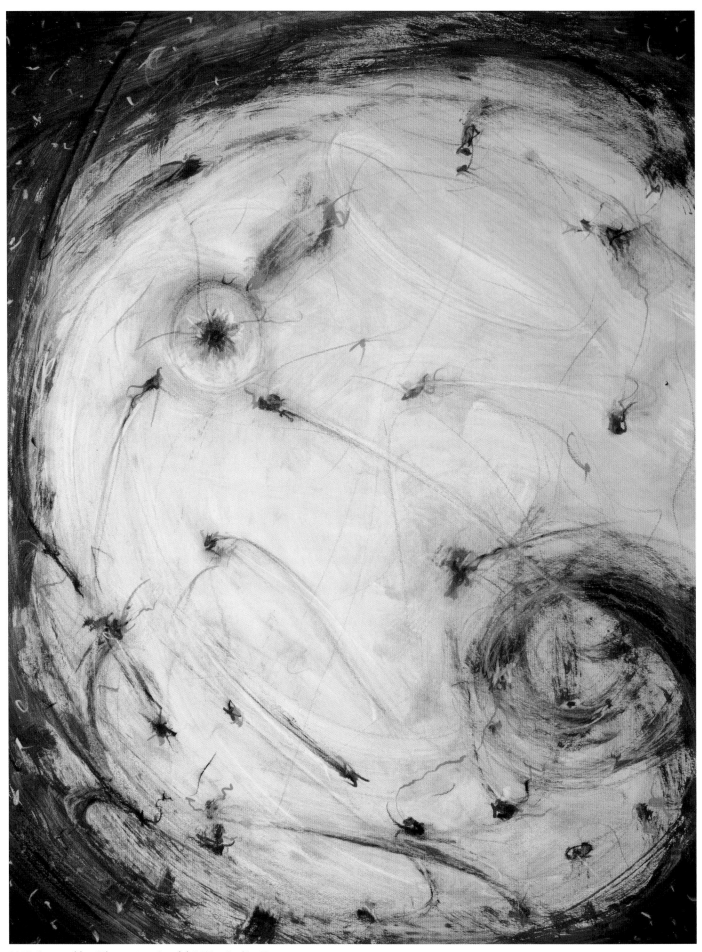

2007 Sturmzyklus, Ultramariner Strudel, M.T. a.P., 65 x 50 cm

2012 In Memoriam Walter Pichler, Tusche und Ölkreide a.P., 64 x 94 cm